Ute Lauterbach

Gelebtes Leben durch psycho-astrologische Integration

Verlag Alf Lüchow

Die Deutsche Bibliothek – CIP-Einheitsaufnahme

Lauterbach, Ute:
Gelebtes Leben durch psycho-astrologische Integration / Ute Lauterbach. – 1. Aufl. – Freiburg i. Br. :
Lüchow, 1993
ISBN 3-925898-22-0

1. Auflage 1993
© Copyright Verlag Alf Lüchow
Umschlaggestaltung: Atelier Wolfgang Traub, Sulzburg
Satz: G. Scheydecker, Freiburg i. Br.
Druck und Bindung: Freiburger Graphische Betriebe
Gedruckt in Deutschland
ISBN 3-925898-22-0

Inhalt

Auftakt 7

Einspürung
Mond 13
Sonne 19
Mars 25
Venus 31
Merkur 39
Jupiter 47
Saturn 53
Pluto 59
Uranus 65
Neptun 71

Aufspürung
Orientierungshilfe 79
Planeten- bzw. Kräftekombinationen 80

Einspurung
Raster zur Prioritätenfindung 171
Selbstverständnisfragen zu den
astrologischen Planetenkombinationen 174

Auf-Bruch 207

Schlußlied 215

Quellenverzeichnis 216

AUFTAKT

Auftakt

Kleines Beispiel

Auch ungelebtes Leben
geht zu Ende
zwar vielleicht langsamer
wie eine Batterie
in einer Taschenlampe
die keiner benutzt
Aber das hilft nicht viel:
Wenn man
(sagen wir einmal)
diese Taschenlampe
nach so- und sovielen Jahren
anknipsen will
kommt kein Atemzug Licht mehr heraus
und wenn du sie aufmachst
findest du nur deine Knochen
und falls du Pech hast
auch diese
schon ganz zerfressen
Da hättest du
genau so gut
leuchten können

Erich Fried[1]*

---

* Die Zahl hinter dem Dichternamen weist hier und im folgenden auf die Bezugsangaben im Quellenverzeichnis hin.

Dieses Gedicht von Erich Fried weist den Weg zu gelebtem Leben: Nämlich seine Möglichkeiten, Kräfte und »Batterien« nicht ungenutzt verdämmern zu lassen. Das Problem ist nicht, daß die Fülle, das Licht nicht da wären, sondern nur, daß wir sie nicht sehen und einsetzen. Zu schnell haben wir ein »Aber« bereit, mit dem wir unsere Schwäche, unsere Häßlichkeit, unsere Unfähigkeit, unsere unglücklichen Umstände, unsere schreckliche Kindheit zum Zugpferd unseres Lebens machen. Dieses Aber ist ein vielgestaltiges Gefängnis, in dem immer pervertierte, verdrehte eigene Kräfte eingeschlossen sind, die wir unbewußt gegen uns selbst richten, ohne zu erkennen, daß sich im häßlichen Frosch ein wunderschöner Prinz verbirgt. Jedes Unglück kann uns zur Sprungschanze und Sprung-chance zum Glück werden, wenn wir ihm seine Tarnkappe entreißen, also den Frosch erlösen.

Ich wünsche mir, daß dieses Buch zum Kraft-Generator für Sie wird und Ihnen zeigt, wie *Ihr* Weg zu gelebtem Leben anstelle entsetzlichen oder behaglichen Unglücks möglich sein kann.

Jedes astrologische Symbol steht für ein bestimmtes Potential, eine bestimmte Kraft im Menschen. Mit meinen Worten möchte ich an diesen Kräften entlangtasten, sie in Sprache bringen, damit jeder sie in sich wahrnehmen kann. Die Astrologie ist ein sehr differenziertes System, welches unsere Kräfte sowie Kräftemischungen symbolisiert. Ich nutze diese uralte, empirische Wissenschaft gleichsam als Einweihungsweg zu unseren Möglichkeiten oder anders formuliert: als Sprungbrett zu gelebtem Leben. Der erste Schritt zu sich kann in der klaren Wahrnehmung jener Kräfte liegen. Es geht darum, sie zu erspüren, sie in sich introspektiv als verschiedenartige Lebensantriebe zu erleben: zu begreifen, wie sie sich als förderliche und wie sie sich als hinderliche Qualitä-

Auftakt

ten anfühlen, um sie so schließlich für die Gestaltung des eigenen Lebens auch ergreifen zu können.

Ich erlaube mir, Ihnen eine Leseanleitung zu diesem Buch zu geben. Der erste Teil »Einspürung« ist zweimal zu lesen: Einmal mit offenen und dann nochmal mit geschlossenen Augen. Der zweite Teil »Aufspürung« soll den Blick dafür schärfen, *wie* Planetenkombinationen gelebt werden können; d. h. idealerweise nutzen Sie ihn als Schärfungsinstrument und nicht als Wissenskonserve. Der dritte Teil »Einspurung« soll Sie auf die Spur zu sich selbst setzen. Ermitteln Sie die Schwerpunkte Ihrer Kräftetendenzen, so wie sie sich in Ihrem Horoskop zeigen. (Sie können mithilfe der Anleitung jene Schwerpunkte selbst herausfinden oder sich an unser Institut wenden.) Bei der Einspurung zu sich selbst ist es angeraten, schriftlich vorzugehen; also beantworten Sie die für Sie relevanten Fragen dreimal: 1. Schreiben Sie auf, wie Sie früher auf diese Fragen geantwortet hätten. 2. wie Sie heute darauf antworten würden und 3. wie Sie gerne in fünf Jahren darauf antworten möchten. So zeichnen Sie selbst den für Sie besten Lebensweg vor – zugleich ist dies ein Weg, der sich aus Ihrem Horoskop ergibt; bei dem Sie also »kosmischen Rückenwind« haben.

Vom vierten Teil »Auf-Bruch« lesen Sie bitte nur ein Wort.

EINSPÜRUNG

Mond

Vollmondwogen weihen die Nacht
und träumend kündet der stille See
tiefere Wahrheit ganz sacht,
und alles in einem und eines in allem
fühlt das Wunder der Nähe vollbracht.

Der Mond symbolisiert seelische, gemüthafte, mütterliche Empfindungen im Menschen. Er steht für das Bergende, wir erleben, daß wir uns wohlfühlen, weil wir beschützt und geborgen sind, uns eins mit der Natur fühlen – alles ist gut, alles geschieht von selbst, die körperlichen Funktionen, das Atmen – alles; es bedarf keiner Anstrengung – nur sich fallenlassen und spüren – das ist das Mondhafte in uns.

Es ist auch die Sehnsucht, die Grenze zwischen Ich und Du aufzuheben. Ganz ruhig miteinander sein, miteinander verschmelzen, so wie Säugling und Mutter ruhig und innig aufeinander bezogen sein können. Die Bedürfnisse des Kindes werden befriedigt. Über diese Befriedigung faßt das Baby Zutrauen zur Welt. Es fühlt sich gut in der Welt, eins mit der Welt. Sein Urvertrauen kann sich entwickeln. Alles ist gut – die Welt ist angenehm. Freud spricht vom »oceanischen Gefühl« – es ist wie ein grenzenloses Verschmolzensein. Auch das ist Mond: dieses angenehme Eingebettetsein in die Welt, ohne Widerstände zu spüren oder denken zu müssen.

Aufgrund dieser Geborgenheit bin ich für Eindrücke empfangend geöffnet. Alles nehme ich staunend und völlig unvoreingenommen auf. Ich brauche nichts zu bewerten oder abzuwehren; ich kann mich der Natur hingeben, weil alles gut ist, und ich unerschütterliches Vertrauen habe. »So wie als Kind meine Bedürfnisse befriedigt wurden, so werden weiterhin bis zu meinem Lebensende all meine Bedürfnisse von der Natur befriedigt,« – so spricht die Stimme des Urvertrauens, der Geborgenheit, – des Mondes in uns. Und wir fühlen, daß alles gut ist.

Fühlen, Empfinden und Spüren – das sind die Qualitäten des Mondes. Ich suche mich durch das, was ich fühle, und wenn ich

Einspürung

meinem Ich immer weiter nachspüre, so kann ich alles, was ich fühle letztlich nur mit den Worten: »Ich bin« zum Ausdruck bringen. Dieses Gefühl von »Ich bin« ist unser tiefstes Identitätsgefühl. Es ist ein leises Bei-sich-Sein, das ganz außerhalb unserer gesellschaftlichen Rolle, unserer Eigenschaften, unserer Bildung, unserer Titel steht. Und wenn wir diesem »Ich-bin-Gefühl« dennoch einen Namen geben wollen, so ist das unser Vorname, der Name, mit dem wir als Kind gerufen wurden und wußten: Ich bin gemeint.

Wenn wir uns ganz unseren Mondkräften hingeben, dann erleben wir uns im Sein. Es ist ein sehr lebendiger Zustand, in dem wir nicht zu handeln oder zu denken brauchen, denn das Sein ist die Fülle, und wenn ich selbst die Fülle erlebe oder bin, dann habe ich kein Bedürfnis, mich auf sie handelnd oder denkend zu beziehen. In dem Moment, wo ich über die Fülle nachdenke, kann ich die Fülle nicht mehr sein.

Und trotzdem kennt das Mondhafte in uns eine Art, sich auf anderes zu beziehen. Es ist eine gefühlsmäßige Teilhabe, ein Sich-identifizieren, weil man sich gefühlsmäßig verbunden fühlt. Auch das Einfühlungsvermögen und Mitgefühl gehören hierher. Im Mitgefühl fühle ich eben mit dem anderen mit, ich fühle von ihm her – das kann ich nur, weil ich mich mit ihm identifiziert habe, d. h. weil die Grenze zwischen ihm und mir aufgehoben wurde. Über die Identifikation nehme ich den anderen an und auf, und so schenke ich ihm Geborgenheit. Er ist sicher bei mir; das heißt, immer, wenn wir anderen Geborgenheit, Wärme und Schutz geben, dann leben wir unser Mondprinzip.

Aber auch das Nähren und Pflegen, das Befriedigen von Grundbedürfnissen gehören hierher. Meistens übernimmt die Mutter diese Aufgabe ihren Kindern gegenüber, weshalb der Mond mit dem Mütterlichen in uns assoziiert wird. Jeder Mensch hat einen Mond in seinem Geburtshoroskop und es ist wichtig, daß jeder, also auch der Mann, dieses Prinzip entwickelt und lebt – sonst ist er nicht mit der Natur und mit seiner innersten Wesenstiefe verbunden.

Wahre Geborgenheit, wahres Aufgehobensein finden wir nur in uns – sie dort zu entdecken, zu erspüren ist unsere Aufgabe.

Wir entdecken das Mütterliche, das Seelische in uns, anstatt es draußen in der Welt zu suchen. Und wenn wir bei uns sind und uns ganz still in unser eigenes Wesen vertiefen, dann vernehmen wir die Stimme des Lebens, die ganz genau weiß, was für uns gut und richtig ist. Wenn wir dieser Stimme folgen, dann leben wir in Übereinstimmung mit uns selbst. Dann ist alles gut – das fühlen wir.

Wir können uns ganz bewußt auf unsere Wesenstiefe einstimmen, oder, wenn uns das nicht gelingt, dann können wir auch über unsere Träume zu den ursprünglichen Schichten unserer Seele gelangen. Träume sind seelische Naturereignisse, die Einseitigkeiten unseres bewußten Verhaltens korrigieren. In unseren Träumen spricht auch die Stimme des Lebens, unseres Lebens. Lernen wir, sie zu vernehmen und ihr zu folgen – so wie wir das in allen Instinkthandlungen immer schon tun.

Mondnacht

Es war, als hätt' der Himmel
Die Erde still geküßt,
Daß sie im Blütenschimmer
Von ihm nun träumen müßt.

Die Luft ging durch die Felder,
Die Ähren wogten sacht,
Es rauschten leis die Wälder,
So sternklar war die Nacht.

Und meine Seele spannte
Weit ihre Flügel aus,
Flog durch die stillen Lande,
als flöge sie nach Haus.

Josef v. Eichendorff[2]

Einspürung

Ich kann meine Träume nicht
fristlos entlassen
Ich schulde ihnen noch
mein Leben
S C H U L D S C H E I N

Frederike Frei[3]

Sonne

Sommermittag – gleißende Kraft
als Aufruf zu mir selbst,
daß ich mich nicht in fremde Schatten lehne,
sondern in eigenem Tun durch
meines Daseins Schöpfungskraft
lebendig werde.

Die Sonne ist das Symbol des Lebens, der Lebenskraft; wenn ich mich auf meine Vitalität konzentriere, dann spüre ich meinen Blutstrom und meinen Herzschlag; mein Körper ist belebt und diese Lebendigkeit strahlt von ihm aus wie Licht und Wärme von der Sonne.

Ich lebe, ich bin da. Zu diesem Da-Sein gehört auch, daß ich wach bin, daß ich bewußt bin. Den Tag kennzeichnet die Helligkeit. So ist es auch mit meinem Bewußtsein: am Tag ist es eingeschaltet, am Tag bin ich da. Nachts, wenn ich schlafe, ist es zurückgezogen. Im Augenblick des Erwachens erlebe ich, wie mein Bewußtsein sich wieder einstellt, – eingeschaltet wird. Das ist der Augenblick, in dem gewissermaßen meine innere Sonne aufgeht. Sonnenkraft ist Geisteskraft in einem ganz umfassenden Sinn. Geist, der als Bewußtsein, als geistiges Wachsein, Voraussetzung für das Denken ist, aber nicht eine spezielle Denkbewegung meint. Wir können dieses Bewußtsein, dieses Nur-Geist-Sein erleben, wenn wir alle Gedanken, alle Denkbewegungen und alle Sinneseindrücke ausschalten, und uns dann nur auf die verbleibende Wachheit konzentrieren. Machen Sie doch einmal folgende Übung: Schließen Sie die Augen, Geräusche sind zwar da, aber stören Sie nicht, sie werden ausgeschaltet, auch Gerüche werden ausgeschaltet, Kälte und Wärme werden ausgeschaltet; für einen Moment beobachten Sie nur Ihre Atmung: Sie atmen tief ein und aus, ein und aus. In Ihnen sind Gedanken, die Sie jetzt nicht brauchen. Sie atmen ein und aus. Sie denken nichts, Sie atmen nur. Sie sind hellwach und klar: Sie erleben dieses Wachsein, Ihr mentales Da-Sein als Ihren Geist, als Ihre Sonnenkraft.

In dieser Übung haben wir uns auf unser Da-Sein, unser Geist-Sein be*sonne*n. Wir haben versucht, alles Beiwerk, also alle

Einspürung

Eindrücke von außen und unsere Gedanken auszuschalten. Dadurch haben wir uns auch auf unseren Wesenskern, unser Selbst eingestellt. Dieses Selbst ist unsere Mitte, unser eigentlicher Antrieb und unser zentrales Anliegen. Wenn wir aus diesem Kernanliegen heraus handeln, dann haben wir auch die nötige Kraft für unser Tun, weil wir in Übereinstimmung mit uns selbst handeln, wir strahlen uns aus, wir leben aus uns heraus, wir geben unserem Innern eine ihm gemäße Form. Das ist die Verwirklichung des Selbst. So wie die Sonne in sich keine Dunkelheit und Kälte kennt, genauso kennt ein Handeln aus dem Selbst heraus keine Schwäche und keine Hindernisse.

Wir sehen, daß Schwäche immer dann entsteht, wenn wir nicht aus unserem Selbst, unserem zentralen Anliegen heraus handeln. Fragen wir uns also immer: Was ist mein innerster Wille? Und dann versuchen wir, aus diesem innersten Willen heraus zu handeln. So vermehren wir unsere Kraft. Wir handeln nach dem Motto: ich bin ich selbst, und ich offenbare in meinem Tun dieses Selbst. Selbstverwirklichung!

Wenn wir genau hinspüren, dann erleben wir, daß ein Unterschied besteht zwischen einem Handeln, das von diesem innersten Willen ausgeht und einem Handeln, das von einem äußeren Impuls angeregt wird. Hier ist der Unterschied von Selbstbestimmung und Fremdbestimmung deutlich spürbar. Wenn wir unsere Sonne leben, dann leben wir aus unserer Mitte heraus, unserem eigenen Willen folgend, und dabei verströmen wir Wärme und Lebensfreude – so wie die Sonne am Himmel. Eine so gelebte Sonne schenkt uns Selbstvertrauen und Eigenständigkeit: ich bin ich selbst – und das genügt: ich bin autonom: ich lebe *mein* Leben.

Diese autonome, sich verströmende, geistbeschwingte Kraft unseres Innern enthält noch eine andere Komponente, welche ebenfalls von der Sonne symbolisiert wird – und zwar unsere Kreativität. Und wenn wir uns an Momente erinnern, wo wir eigenbestimmt kreativ und schöpferisch waren, dann werden wir feststellen, daß solche Momente von einem Glücksgefühl und einer Lebensfreude begleitet waren, die an das Erleben des Selbstes – wie wir es aus obiger Übung kennen – erinnern. Im schöpferischen Akt geht man ganz aus sich heraus und gießt seinen Inhalt

Sonne

in eine Form, man verströmt sich ganz und ohne Vorbehalte und Hindernisse.

In der Kunst z. B. wird unsere Libido, ein anderer »Worthalter« für die Sonnenenergie, sublimiert zum Ausdruck gebracht. Doch auch in der Sexualität können wir unsere Sonne leben. Wie immer ist es auch hier entscheidend, daß wir unsere Form von Sexualität leben, eine selbstbestimmte Sexualität, in der wir uns wirklich verströmen können und die zu einem Orgasmus führt, der uns stärkt, anstatt uns zu schwächen oder uns mit einem unangenehmen Gefühl zurückzulassen.

Es geht bei der Entfaltung der Sonne immer darum, die im Selbst angelegte Individualität zu verwirklichen. Den Maßstab seiner Selbstverwirklichung findet jeder einzelne nur in sich selbst. Wir wollen ja wir selbst werden und nicht ein anderer, und wir wollen auch nicht nur eine gesellschaftlich vorgeschriebene Rolle ausfüllen: Es darf anspruchsvoller sein: Wir wollen »nur« wir selbst sein und werden, und so festigen wir unsere Identität.

Ich lebe mein Leben in wachsenden Ringen,
die sich über die Dinge ziehn.
Ich werde den letzten vielleicht nicht vollbringen,
aber versuchen will ich ihn.

Ich kreise um Gott, um den uralten Turm,
und ich kreise jahrtausendelang;
und ich weiß noch nicht: bin ich ein Falke, ein Sturm
oder ein großer Gesang.

Rainer Maria Rilke[4]

Einspürung

die schatzkammern
in mir
möchte ich öffnen

die schätze
suchen und
hervorheben

sie hoch in die
luft werfen
und restlos
verjubeln!

hans-curt flemming[5]

Die Ros' ist ohn' warum, sie blühet,
weil sie blühet.
Sie acht' nicht ihrer selbst, fragt nicht, ob
man sie siehet.

Angelus Silesius[6]

Mars

Indem ich meiner Kraft vertraue,
vertraue ich dem Besten in mir.
Dieser Kraft zu folgen bedeutet,
den Mut zum Leben ernstzunehmen.

Vielleicht werden wir zunächst Schwierigkeiten haben, uns auf die positive Frequenz der Marskraft einzustellen, weil er uns in der negativen Form viel vertrauter ist: Wir denken an Mars, an den Kriegsgott, und assoziieren die Marskraft mit Kampf, Aggression, Destruktivität, Brutalität, Angriffslust, Rücksichtslosigkeit, ungebändigter Triebkraft, Ellenbogenpolitik und Geilheit und natürlich auch mit Wut. Hinter all diesen negativen Formen der Marskraft steckt eine ungeheure Energie und Antriebskraft. Vergegenwärtigen wir uns nur einmal die ungeheure, gewaltige »power«, die wir in einem Wutanfall erleben. In einem Wutanfall haben wir auch viel mehr Kraft als uns bei kühlem Gemüte zur Verfügung stünde. Diese Kraft ist gewissermaßen der ungeschminkte Mars in uns – allerdings in einer negativen Form. Er nimmt diese zerstörerische Qualität immer an, wenn er auf Hindernisse stößt, oder wenn er zurückgehalten oder unterdrückt wurde.

Das bedeutet, daß wir jene negative Frequenz vermeiden können (und einher damit auch Kopfschmerzen und Entzündungen), wenn wir erstens lernen, mit Hindernissen umzugehen und zweitens lernen, diese Kraft nicht mehr zu unterdrücken. Beide Lernschritte erfordern den Einsatz der positiven Marskraft. Stellen wir uns auf diese ein: zunächst in bezug auf den Umgang mit Hindernissen: angesichts eines Hindernisses brauche ich Mut und Risikobereitschaft. Mit Entschlossenheit gehe ich mutig auf das Hindernis zu. Wenn man sich in eine derartige Situation hineinversetzt, dann spürt man, wie die eigene Energie ganz und gar auf dieses Hindernis gebündelt zu sein scheint. Mut hat etwas von vorlaufender Entschlossenheit; er klammert alle Bedenken und alles Zögern aus. So wird das Hindernis zielgerichtet angepackt und überwunden. »Nicht lange fackeln« ist die Devise der Marskraft in uns.

Einspürung

Und wie gelingt es uns, diese Kraft nicht mehr zu unterdrücken? Es geht nur, indem wir unsere Antriebskraft sichtbar machen, d.h. sie in der materiellen Welt zum Ausdruck bringen. Ganz konkret bedeutet das, wir müssen uns durchsetzen, wir müssen uns einbringen und mitmachen. Manchmal führt das zu Konfliktsituationen, weil es für andere unpraktisch oder unbequem ist, wenn wir uns durchsetzen. Wichtig ist hier die Feststellung, daß es *nicht* darum geht, den anderen zu unterwerfen, sondern nur darum, die eigenen Lebensrechte in eine Form zu bringen, eben durchzusetzen. Anpassung ist immer dann fehl am Platze, wenn ich meine Energien, meinen Tätigkeitsdrang oder meine Arbeitsfreude um der Anpassung willen unterdrücke.

Mars steht für die »Kraft an sich«, für den »Trieb an sich« und dieser Kraft Ausdruck verleihen in der Bewegungsfreude, im Sport, im Hinsteuern auf Ziele, im »Bäumeausreißen«, und in der Sexualität – das vermehrt die Kraft und die Freude am Leben. Es nicht zu tun, erzeugt Fieber und Migräne. Es ist die Lust an der Aktivität, die wir uns erlauben dürfen!

Der Mars in uns will, daß wir unseren Körper spüren, unsere Antriebe und Triebe spüren und sie zulassen. Er will, daß wir leben und überleben, und zwar auf einer ganz elementaren Ebene; er will, will, will, daß wir Körper und Materie entdecken und zu ihrem Recht verhelfen. Und wenn wir unseren Mars nicht leben, dann kriegen wir die Quittung in Form von Unfällen, Vergewaltigungen, Aggressoren oder Kopfschmerzen zum Beispiel.

Und unser Mars jubelt uns mit noch mehr Kraft zu, wenn wir uns durchgesetzt haben, d.h., wenn wir uns gelebt haben. Wenn wir unseren Mars leben, sind wir in den Prozeß der Ichfindung aktiv eingestiegen. Es ist ein Sich-erleben dadurch, daß ich es wage zu handeln in einem mir gemäßen Sinne. Und hier liegt der Schwerpunkt: ich setze *mich* durch, ich bringe *mich* ein, d.h. ich werde nicht Opfer der in unserer Leistungsgesellschaft betonten kämpferischen Momente wie z.B.: Streß, Managertum und Rekordsucht, Konkurrenzdenken und Mangel an mitmenschlichem Respekt, Rücksichtslosigkeit und unkontrollierten Aggressionen. Wenn ich meinen Mars auf dieser eher kompensatorischen, negativen Frequenz lebe, dann schwächt er mich langfristig gesehen und bringt keine wirkliche Befriedigung.

Es ist spannend zu sehen, wie wunderbar die planetaren Kräfte zusammenarbeiten können: Die Sonne gibt meinen Wesenskern, mein zentrales Anliegen an, welche ich mit dem Mond als meine Identität erspüre und die ich schließlich mit meiner Marskraft in einer konkreten Art und Weise durchsetzen, materialisieren kann.

In der
Notwendigkeit
des Herbstes
denkt der Wind
nicht
an den
Schmerz
der Bäume.

Ich will der Sturm sein.

Angelika Rohwetter[7]

Moral

Es gibt nichts Gutes,
außer: Man tut es.

Erich Kästner[8]

Einspürung

Ecce Homo

Ja! Ich weiß, woher ich stamme!
Ungesättigt gleich der Flamme
Glühe und verzehr ich mich.
Licht wird alles, was ich fasse,
Kohle alles, was ich lasse:
Flamme bin ich sicherlich!

Friedrich Nietzsche[9]

Das Fest des Wüstlings

Was stört so schrill die stille Nacht?
Was sprüht der Lichter Lüstrepracht?
Das ist das Fest des Wüstlings!

Was huscht und hascht und weint und lacht?
Was cymbelt gell? Was flüstert sacht?
Das ist das Fest des Wüstlings!

Die Pracht der Nacht ist jach entfacht!
Die Tugend stirbt, das Laster lacht!
Das ist das Fest des Wüstlings!

Christian Morgenstern[10]

Venus

Die Ent-äußerung in der Liebe
gewährt Einkehr zum Schönsten in uns.
Nicht mehr am Leben tragen müssen,
sondern auf seinem Kamm schwingen
wie ein Tänzer am Rande der Ewigkeit.

Schlüsselbegriffe für das Venus-Prinzip sind u. a. Harmonie, Ausgewogenheit, Ausgleich, Gleichgewicht. Wenn wir uns in einem Zustand der Harmonie oder der innerseelischen Homöostase befinden, so bemerken wir dies meist nicht, denn Ausgewogenheit, Ausgeglichenheit und Gleichgewicht meinen ein festes Stehen oder Sein aus der eigenen Mitte heraus. Erst eine Bedrohung oder Störung des Gleichgewichts fällt uns unangenehm auf. Erst über die Mangelerfahrung wird diese Seite des Venus-Prinzips besonders fühlbar. Wir können uns aber auch ganz bewußt auf die Harmonie unserer körperlichen Funktionen einstellen. Zum Beispiel, indem wir genau hinspüren, wie wunderbar es ist, ohne Schmerzen zu sein, wie harmonisch Ein- und Ausatmung sich vollziehen, wie rhythmisch unser Herz schlägt; wir können uns auch unseren Gleichgewichtssinn vergegenwärtigen: Wir schwanken nicht beim Gehen und können unseren Blick auf einen Punkt fixiert halten. Das Venus-Prinzip zeigt sich auf der körperlichen Ebene auch dadurch, daß es Störungen durch eine Gegenbewegung auszugleichen versucht. Bei Schlafmangel z. B. werden wir durch erhöhte Müdigkeit angehalten, dieses Defizit wieder auszugleichen, oder ein Flüssigkeitsdefizit wird als Durst spürbar. Immer geht es der Venus darum, den Ausgleich, das Gleichgewicht wiederherzustellen. So verstehe ich auch jede Krankheit als Reaktion auf ein Defizit, auf das uns die Krankheit aufmerksam macht, damit wir einen Ausgleich herstellen können. Das bedeutet, daß wir in vielen Fällen nicht krank zu werden brauchen, wenn wir in innerer und äußerer Harmonie leben, wenn wir im Lot sind.

Von größerer Wichtigkeit ist hierbei die *innere* Harmonie; sie ist meiner Meinung nach die Voraussetzung für echte äußere Harmonie. Wir müssen uns hüten vor Scheinharmonie, die darauf be-

Einspürung

ruht, daß einer immer nur klein beigibt und sich anpaßt um des sogenannten »lieben Friedens willen«. Zuviel Kompromißbereitschaft,
zuviel Liebenswürdigkeit, zuviel Anpassung sind eben *zuviel*, d. h.
das Harmonie verursachende Maß wurde überschritten; d. h. das
Maß, das angibt, was für mich gut gewesen wäre, habe ich mißachtet.

Die Venus fordert uns also auf, dieses Maß nicht zu mißach-
ten, um zunächst einmal zu einer echten inneren Ausgewogenheit
zu gelangen, die allererst eine echte, reale äußere Harmonie ermöglicht. Wenn wir uns jedoch nach jenem inneren Maßstab richten wollen, und das tun wollen, was uns gut tut, was für uns schön
ist, was uns Freude, Genuß und Glück bereitet, dann könnte das
unseren Mitmenschen, vornehmlich unseren Partnern, zunächst
unangenehm sein, weil es ihnen lieber wäre, wenn wir uns allzeit
kompromißbereit ihren Vorstellungen anpaßten, was zu der in unserer Gesellschaft so häufig anzutreffenden Scheinharmonie führte.
Die Venus stellt uns hier die große Aufgabe »nein« zu sagen und
uns abzugrenzen. Wenn wir diese Abgrenzung nicht lernen, sind
wir automatisch auf der negativen Venusfrequenz, nämlich: der
Gefallsucht, der übergroßen Kompromißbereitschaft, der Bequemlichkeit, der Trägheit und der Pflege des sogenannten lieben Friedens aus Angst vor Auseinandersetzung.

Und es fühlt sich so gut an, wenn wir es geschafft haben »nein«
zu sagen, anstatt unsere Zeit, unsere Energie und unser Geld in
Dinge oder Menschen zu investieren, mit denen wir keine innere
Verbundenheit empfinden, die uns unsympathisch sind. Über
Sympathie- und Antipathiegefühle erleben wir den Maßstab unserer Venus. Diesen über die Sympathielenkung empfundenen Maßstab ernstzunehmen bedeutet auch, sich selbst ernstzunehmen. Es
ist, als sagte man zu sich selbst: ich bin genauso wertvoll wie die
andern: ich liebe mich und ich nehme mich ernst und deshalb
berücksichtige ich meine Empfindungen und grenze mich ab und
sage »nein«, wenn es sein muß. Auf diese Art sehe, akzeptiere und
manifestiere ich meinen Eigenwert. Eigenwert und Selbstwertgefühl gehören auch zur Venus – in der negativen Frequenz schlagen
sie um in narzißtische Selbstbespiegelung. Äußere Venus-Symbole
für den Eigenwert sind Geld und Besitz, welche mir Sicherheit
und einen eigenen Lebenstil gewährleisten.

Venus

Wenn ich über diese Venusqualitäten verfüge, d. h., wenn ich mich abgrenzen kann, meinen Eigenwert akzeptiere, wenn ich materiell gesichert bin, über Eigenraum (z. B. ein eigenes Zimmer) verfüge und wenn ich meinen eigenen Lebenstil ausgebildet habe, dann habe ich eine Basis und bin offen für ein anderes Spektrum der Venus, welches sich mit Begriffen wie: Genuß, Sinnlichkeit, Eros, Liebe, Zärtlichkeit, Schönheit, Kunst und Lust einfangen läßt. Jetzt ist echte äußere Harmonie möglich, echter Austausch ist möglich; Austausch, der nicht auf einem der Anpassung entspringenden Geben und Nehmen basiert, sondern Austausch, in dem ich mich ganz hingeben kann, weil ich in Harmonie mit meinen Sympathiegefühlen bin und mich nicht durch den anderen in meiner Abgrenzung und in meinem Eigenwert bedroht fühle. Durch diese Basis ist selbstvergessene Hingabe an Schönes, an Kunst, an den Genuß und ganz allgemein an die Sinnenfreude möglich. Ich liebe das Leben um seiner selbst willen – zweckfreier Genuß, zweckfreies Aufgehen im Augenblick. Die Zeit steht still, solange wir genießen, solange die Liebesempfindung uns ein Verschmelzen mit dem andern erlaubt – sei dieses Verschmelzen geistiger, körperlicher oder seelischer Art. Die Zeit steht auch still, wenn wir uns an der Kunst berauschen, d. h. wenn wir durch die Kunst über unser Ich hinweggehoben werden, wenn wir in diesem Sinne außer uns sind; ähnlich ist es mit dem Erleben von Naturschönheiten, welche unsere Empfindungen so heben und weiten können, daß wir uns ebenfalls in unserem Ich transzendiert fühlen. Dieses lustvolle Sich-Berauschen, sich weiten und sich heben lassen vom Schönen ist Eros, ist Venus. Eros ist die lustvolle Entäußerung des Ichs, ein Zustand, in dem ich ganz beim andern, beim Schönen, beim Erhabenen bin – die hier in Bewegung gesetzten venusischen Qualitäten sind die liebende Verehrung, das staunende Ergriffensein und die beglückende Bewunderung.

Die Venus versinnbildlicht also den Kontakt zwischen normalerweise Getrenntem, sie hebt uns über uns selbst hinaus; und vielleicht offenbart sie uns so die buddhistische Überzeugung, daß in Wirklichkeit keine Grenze zwischen dir und mir und allen Dingen besteht. In der erotischen, sinnlichen, sinnen-vollen Hinwen-

35

Einspürung

dung erleben wir dieses beglückende Eins-Sein. Und das Tolle ist:
Wir dürfen lieben! Und: »Nichts lieben, das ist die Hölle,« sagt
Georges Bernanos.

Liebes-Lied

*Wie soll ich meine Seele halten, daß
sie nicht an deine rührt? Wie soll ich sie
hinheben über dich zu andern Dingen?
Ach gerne möcht ich sie bei irgendwas
Verlorenem im Dunkel unterbringen
an einer fremden stillen Stelle, die
nicht weiterschwingt, wenn deine Tiefen schwingen.
Doch alles, was uns anrührt, dich und mich,
nimmt uns zusammen wie ein Bogenstrich,
der aus zwei Saiten **eine** Stimme zieht.
Auf welches Instrument sind wir gespannt?
Und welcher Geiger hat uns in der Hand?
O süßes Lied.*

Rainer Maria Rilke[11]

*O Mensch! Gib acht!
Was spricht die tiefe Mitternacht?
»Ich schlief, ich schlief –,
Aus tiefem Traum bin ich erwacht: –
Die Welt ist tief,
Und tiefer als der Tag gedacht.
Tief ist ihr Weh –,
Lust – tiefer noch als Herzeleid:
Weh spricht: Vergeh!
Doch alle Lust will Ewigkeit –,
– will tiefe, tiefe Ewigkeit!«*

Friedrich Nietzsche[12]

*Leben kann man nur, solange man
vom Leben berauscht ist; sobald
man ernüchtert ist, muß man sehen,
daß all dies nur Täuschung ist,
und eine dumme Täuschung!*

Leo N. Tolstoi[13]

Venedig

*An der Brücke stand
Jüngst ich in brauner Nacht.
Fernher kam Gesang:
Goldener Tropfen quolls
Über die zitternde Fläche weg.
Gondeln, Lichter, Musik –
Trunken schwamm's in die Dämm'rung hinaus …*

*Meine Seele, ein Saitenspiel,
Sang sich, unsichtbar berührt,
Heimlich ein Gondellied dazu,
Zitternd vor bunter Seligkeit.
– Hörte jemand ihr zu? …*

Friedrich Nietzsche[14]

Text zum Thema »Abgrenzung«

Aber laßt Raum in eurem Zusammensein,
und laßt die Winde der Himmel zwischen Euch tanzen.
Liebt einander, aber bindet kein Band der
Liebe: laßt sie lieber ein bewegtes Meer
zwischen den Küsten eurer Seelen sein.

Füllt einander eure Schalen,
aber trinket nicht aus einem Becher.
Gebt einander von eurem Brot,
aber eßt nicht von dem gleichen Laib.

Singt und tanzt zusammen und freut euch,
aber laßt jeden von euch allein sein,
so wie sogar die Saiten einer Laute allein sind,
obwohl sie in der gleichen Musik schwingen.

Gebt eure Herzen, aber nicht zur gegen-
seitigen Verwahrung; denn nur die Hand
des Lebens kann eure Herzen halten.

Und steht zusammen, nur nicht zu nah
zusammen; denn die Säulen des Tempels
stehen getrennt, und die Eiche und die
Zypresse wachsen nicht im Schatten des anderen.

Kahlil Gibran[15]

Um fremden Wert willig und frei
anzuerkennen, muß man eigenen haben.

Arthur Schopenhauer

Merkur

Deine Sprache zeichnet neue Bahnen in mir,
wodurch ich hinüberwachse zu dir.
Wie du, leg auch ich in Worten mich dar
Gemeinsames wirkend ist Sprache
wunderbar.

Das Symbol für Merkur ist nach oben geöffnet und nach unten verwurzelt, so als wolle es eine Synthese zwischen Geist und Materie herstellen. Entsprechend wird die merkurische Qualität im Menschen durch das Bestreben gekennzeichnet, alles Materielle in begriffliche Kategorien zu fassen. Es ist, als machte ich mir die Welt verfügbar, indem ich Dinge benenne, messe, einordne, zähle und kategorisiere. Dieses verstandesmäßige Erfassen und Durchdringen von Welt versetzt mich in die Lage, mit anderen über die Welt zu sprechen, zu kommunizieren, mich auszutauschen. Und es ist logisch, daß ich nur über *die* Dinge sprechen kann, für die ich Worte habe oder sogar auch nur die Dinge wahrnehme, für die ich Worte habe. Die Eskimos z. B. haben etwa 20 verschiedene Wörter für »Schnee« und unterscheiden entsprechend viele Arten von Schnee. Denken, Wahrnehmen und Sprechen sind eng miteinander verknüpft.

Der Merkur in uns symbolisiert unsere Wahrnehmungs- und Beobachtungsfähigkeit, unsere Fähigkeit zur Analyse und unsere Ausdrucks- und Kommunikationsfähigkeit. Für alles, was ich wahrnehme, beobachte und analysiere, kann ich Wörter finden, die ich dann benutzen kann, um mich über das Wahrgenommene zu verständigen. Also ohne Wahrnehmung keine Sprachbildung. Durch die Sprache bringe ich meine Wahrnehmungen in eine Form, d. h. ich gebe ihnen Gestalt.

Meine Kommunikationsfähigkeit kann durch zwei verschiedenartige Defizite beeinträchtigt werden. 1. Dadurch, daß meine sprachlichen Möglichkeiten nicht genügend ausgebildet sind oder nicht meiner Wahrnehmungsfähigkeit adäquat sind. 2. Dadurch, daß ich Angst habe, meine seelischen und geistigen Inhalte zum Ausdruck zu bringen. Im ersten Fall ist das Problem mehr »lerntechnischer« Art und im zweiten Fall mehr seelischer Art.

Einspürung

Wichtig ist hier, daß wir den Funktionsradius von Merkur erspüren. Er umfaßt ein verstandesmäßiges Zugehen auf die Welt, eine Art, sich die Welt über den Intellekt verfügbar zu machen. Die Welt wird durch den Verstand gewissermaßen instrumentalisiert, d. h. ich kann sie benutzen und mich in ihr zurechtfinden. Wenn ich sage: »Köln, Mozartstraße 30«, dann habe ich eine Stelle auf diesem Planeten durch Benennung fixiert; der Raum bekommt durch geographische Benennungen Struktur und kann auf diese Art leichter von uns benutzt werden. Gleichzeitig engt uns dieses Benennen ein, weil die Dinge der Welt sich in unserem Bewußtsein auf die jeweilige Benennung reduzieren und ihre transzendente Dimension, d. h. ihr Eingebundensein in größere Zusammenhänge verlieren. So ist die Mozartstraße 30 meistens nur noch die Mozartstraße 30 für uns – und nicht mehr ein Punkt auf unserem Planeten, der wiederum nur Punkt in einem Sonnensystem am Rande einer bestimmten Galaxis ist usw.

Merkur strukturiert also den Raum und auch die Zeit, und er legt unser Wissen lexikalisch fest, und er faßt unsere inneren und äußeren Erfahrungen in Theorien. Dadurch wird die Welt uns vertraut, was natürlich unendlich praktisch ist für die Bewältigung des Alltags. Je vertrauter wir mit der Welt sind, und d. h. merkurisch gesprochen: je mehr Information wir über die Welt und die alltäglichen Angelegenheiten haben, umso ökonomischer und zweckmäßiger können wir in unserem Leben vorgehen. Merkur mag keine Umstände: ihn zeichnen Sachlichkeit, Zweckmäßigkeit, Nüchternheit und scharfsinnig-kritische Beobachtungsgabe aus. Seine Domäne ist die Empirie, die Naturwissenschaft. Zumindest ist das in der heutigen Zeit die besonders betonte und ausgeprägte Seite der von Merkur symbolisierten Verstandestätigkeit.

Hier sind wir an einem Punkt angelangt, wo wir uns klarmachen können, daß wir durch unseren Verstand nicht nur die Außenseite des Lebens wortmäßig ablichten können, sondern daß wir ihn auch benutzen dürfen, um uns weiter in die Innenseite des Lebens vorzutasten. Wir können uns bemühen, auch da noch Worte zu finden, wo das Unsagbare anzufangen scheint. »Ich liebe Dich!« Drücken diese drei Worte wirklich meine unendliche Bewegtheit auf den anderen hin aus? Vielleicht tun sie es beim ersten und auch zweiten Gebrauch; aber sind sie wirklich noch stimmig, wenn ich sie zum fünfzigsten Mal sage? Merkur fordert uns auf, unsere Gefühle genau wahrzunehmen und zum Ausdruck zu bringen – auch negative Gefühle sollen genau beobachtet und gezeigt werden. Dadurch reinigen wir unsere Seele; d.h. es kommt nicht zu seelischen Staus oder psychischer Verschmutzung, welche zu Krankheit führen würden. So leisten auch unsere Ausdrucks- und Kommunikationsfähigkeit einen Beitrag zu unserer Gesunderhaltung.

Wenn wir jedoch unsere Gefühle nicht zum Ausdruck bringen, dann verleugnen wir einen wichtigen Bereich in uns, indem wir uns, z.B. aus Angst oder Schuldgefühlen, den Erwartungen anderer anpassen. Wir lügen, weil uns das praktischer und zweckmäßiger vorkommt – damit befinden wir uns auf einer negativen Merkurfrequenz. Hier ist allerdings zu unterscheiden zwischen einer Anpassung im Sinne einer Unterordnung, welche ungünstig ist, und einer Anpassung im Sinne eines situationsadäquaten Vorgehens. Wie scharfsinnig und kritisch wir auch sein mögen – es ist wichtig, seinem Scharfsinn und seiner Kritik nochmals scharfsinnig und kritisch gegenüberzutreten; andernfalls besteht die Gefahr, daß wir in einen verflachenden Intellektualismus verfallen, dem unsere westliche Welt bedrohlich Vorschub leistet.

Erlauben wir es uns, und üben wir, das Unsagbare zu sagen – mit neuen Worten, mit mutigen Worten.

Kommunikation
von Mensch zu Mensch
durch jeden Sinn von Wahrheit
im liebenden Kampfe
wagen.

Karl Jaspers [16]

Einspürung

Ich fürchte mich so vor der Menschen Wort.
Sie sprechen alles so deutlich aus:
Und dieses heißt Hund und jenes heißt Haus,
und hier ist Beginn und das Ende ist dort.

Mich bangt auch ihr Sinn, ihr Spiel mit dem Spott,
sie wissen alles, was wird und war,
kein Berg ist ihnen mehr wunderbar;
ihr Garten und Gut grenzt grade an Gott.

Ich will immer warnen und wehren: Bleibet fern.
Die Dinge singen hör ich so gern.
Ihr rührt sie an: sie sind starr und stumm.
Ihr bringt mir alle die Dinge um.

Rainer Maria Rilke[17]

Die Sprache ist dem Menschen gegeben, um
seine Gedanken zu verbergen.

Charles Maurice Talleyrand[18]

»Rabbit's clever«, said Pooh thoughtfully.
»Yes«, said Piglet, »Rabbit's clever.«
»And he has Brain.«
»Yes«, said Piglet, »Rabbit has Brain.«
There was a long silence.
»I suppose«, said Pooh, »that that's
why he never understands anything.«

Alan Alexander Milne[19]

*Die Sprache ist ein sicheres Versteck
für alle Geheimnisse.*

Autor unbekannt

Ein Wort

*Ein Wort, ein Satz –: aus Chiffern steigen
Erkanntes Leben, jäher Sinn,
Die Sonne steht, die Sphären schweigen
Und alles ballt sich zu ihm hin.*

*Ein Wort –, ein Glanz, ein Flug, ein Feuer,
Ein Flammenwurf, ein Sternenstrich –,
Und wieder Dunkel, ungeheuer,
Im leeren Raum um Welt und Ich.*

Gottfried Benn[20]

Ihr Worte

*Ihr Worte, auf, mir nach!,
und sind wir auch schon weiter,
zu weit gegangen, geht's noch einmal
weiter, zu keinem Ende geht's.*

Es hellt nicht auf.

*Das Wort
wird doch nur
andre Worte nach sich ziehn,
Satz den Satz.*

So möchte Welt,
endgültig,
sich aufdrängen,
schon gesagt sein.
Sagt sie nicht.

Worte, mir nach,
daß nicht endgültig wird
– nicht diese Wortbegier
und Spruch auf Widerspruch!

Laßt eine Weile jetzt
keins der Gefühle sprechen,
den Muskel Herz
sich anders üben.

Laßt, sag ich, laßt,

ins höchste Ohr nicht,
nichts, sag ich, geflüstert,
zum Tod fall dir nichts ein,
laß, und mir nach, nicht mild
noch bitterlich,
nicht trostreich,
ohne Trost
bezeichnend nicht,
so auch nicht zeichenlos –

Und nur nicht dies: das Bild
im Staubgespinst, leeres Geroll
von Silben, Sterbenswörter.

Kein Sterbenswort,
Ihr Worte!

Ingeborg Bachmann[21]

Jupiter

Am vermeintlichen Abgrund stehend,
wage ich noch einen Schritt
– einen Schritt über mich hinaus –
und erlebe, der Abgrund ist vertrautes Land.

Das Jupiterzeichen zeigt den auf der Erde (durch das Kreuz symbolisiert) stehenden Menschen, der sich nach oben öffnet, um zu wachsen. Wenn wir diesem nach wachsender Öffnung strebenden Impuls nachspüren, dann erleben wir, daß hier unser Bedürfnis nach Sinnstiftung angesprochen ist. Wir können verschiedene Handlungsmotive in uns unterscheiden: so entspricht ein Handeln, das auf Zweckmäßiges zielt dem Merkur, ein auf das Ästhetische zielendes der Venus, ein auf das Nützliche dem Mars und ein Handeln, das von der Notwendigkeit motiviert wurde, entspricht dem Saturn. Diese Handlungsmotive sind uns vertraut. Jupiter symbolisiert einen Handlungsimpuls, der über die genannten Motive hinausgreift. Ihm geht es nicht um das Zweckmäßige und Notwendige, nicht um die Sachzwänge, sondern um das, was persönlich als sinnvoll empfunden wird. Konkret erleben wir die Jupiterkraft, wenn wir uns gegen eine noch so zweckmäßige oder praktische Arbeitsstelle, Partnerschaft, Handlung oder Sache entscheiden – bloß, weil sie uns persönlich nicht sinnvoll erscheint. Wir haben dann das Gefühl, nicht an ihr wachsen zu können oder nicht glücklich zu werden.

Wenn wir aus unserer Jupiterkraft heraus handeln, dann folgen wir also nicht das Äußere abcheckenden Vernunftgründen, und wir werden auch nicht von einengenden Gefühlsregungen bestimmt, sondern wir wagen es – wider alle Vernunft – einem Impuls zu folgen, der uns über uns selbst hinauswachsen läßt und der die äußeren Umstände und vielleicht auch die inneren Umstände in Form von Ängsten und erlerntem Gewissen transzendiert. Insofern bedeutet Jupiter echtes Wachstum. Das mögliche Optimum unserer Selbstverwirklichung ist angesprochen. Wir geben uns nicht mit dem Mittelmäßigen zufrieden, sondern wir streben nach dem

Einspürung

Bestmöglichen, nach Seinsfülle. Auf diese Art stellen wir uns zu
unserer Menschenwürde: wir lassen uns eben nicht einengen auf
eine gesellschaftliche Rolle oder das Funktionieren-Müssen in
einem bestimmten Beruf. Jupiter bezeichnet auch die Liebe zum
Leben, wobei unter »Leben« viel mehr verstanden wird als das
zweckrationale oder behäbig lustvolle Abspulen von Lebenszeit.
Es geht um unerschütterliche Daseinsfreude, um ein Erschließen
von Räumen, die unserem Leben Sinn und Fülle schenken.

Indem wir uns einem sinnvollen Wachstum öffnen, lenken
wir unser Denken weg von alltäglichen Verrichtungen, weg von
Detailkenntnissen, weg von der funktionalen Wissensanhäufung
(weg von Merkurbelangen) und lenken es hin zu übergreifenden
Fragestellungen, wie sie uns in der Philosophie, Religion und allen
Weltanschauungen begegnen. Wichtig ist dabei, daß wir unsere
eigene Weltanschauung und unseren eigenen Sinn finden, da wir
nur dadurch über uns hinauswachsen können. So erlangen wir
kaum Reife, Weisheit und Zufriedenheit, indem wir uns einer bestimmten Religionsgemeinschaft anschließen, weil wir dadurch
meistens nur in das Schema einer bestimmten Gruppe rutschen,
anstatt unsere eigenen Grenzen aktiv zu erweitern. Bei Jupiter in
der erlösten Form geht es um einen inneren Wachstums-, Sinnfin-
dungs- und Reifungsprozeß und nicht um die Installation von
künstlichen Sinnhaltern im äußeren Leben. Oft degenerieren Reli-
gionsgemeinschaften zu solchen äußeren Sinnhaltern, die unser
echtes Wachstum verhindern, weil sie uns in ein Schema einbetten
oder einlullen, welches das schöpferische Wagnis des Wachsens
über die eigenen Grenzen hinaus nicht ermöglicht. Entsprechend
äußerlich ist dann unsere Zufriedenheit; möglicherweise wird sie
sogar zu seichter Selbstgefälligkeit.

Eine andere ungünstige Jupiterfrequenz ist die zur Erde hin-
gewandte Genüßlichkeit und Fülle anstelle einer über sie hinaus-
strebenden Lebensfreude. Hiermit verdamme ich keineswegs die
Genußfähigkeit, sondern sage nur, daß Genüßlichkeit als letzter
Lebenssinn nicht den Potenzen der Jupiterkraft entspricht.

Wir erleben das Jupiterhafte als eine Gestaltkraft, die uns zur
Vollständigkeit drängt und zur ganzheitlichen Abrundung unseres
Wesens. Um die hier geahnten Wachstums- und Entfaltungsmög-

lichkeiten zu realisieren, brauchen wir eine Art »höheren Muts«, der in hoffendem Vertrauen auf das Leben wurzelt, und mit dem wir es wagen zu sein, wer wir immer schon sein könnten.

Nur in diesem Wagnis können wir echte Reife und Weisheit entwickeln. Der Prozeß der Sinnfindung und des persönlichen Wachstums beginnt im Innern jedes einzelnen und muß von jedem einzelnen gewagt werden; er kann nicht an äußere Platzhalter für Sinn geheftet werden. Zufriedenheit und Glück erleben wir, wenn wir auf unseren Sinn hin über uns hinausgewachsen sind.

Luxus mildert die Sinnlosigkeit
Erleuchtung lacht über Luxus.

Selbsterhaltung ist nur durch
Selbststeigerung möglich.

Ach, nicht getrennt sein,
nicht durch so wenig Wandung
ausgeschlossen vom Sternen-Maß.
Innres, was ists?
Wenn nicht gesteigerter Himmel,
durchworfen mit Vögeln und tief
von Winden der Heimkehr.

Rainer Maria Rilke[22]

Freisinn

Laßt mich nur auf meinem Sattel gelten!
Bleibt in euren Hütten, euren Zelten!
Und ich reite froh in alle Ferne,
Über meiner Mütze nur die Sterne.

Johann Wolfgang von Goethe[23]

Saturn

Mein Tod, laß mich dich ansehen,
Du grausame Grenze,
Du bist, so erkenn ich beim Hinschauen,
nur Tarnung –
verbergend die höhere Güte des Lebens;
nicht Grenze, nur Klagemauer
für jene, die dich nicht kennen wollen.

Saturn bezeichnet alles Harte, Feste und Unnachgiebige und ist uns in seiner ungünstigen Frequenz besonders vertraut. Wir erleben ihn oft als Hemmung, Blockade, Widerstand, Angst, Schuldgefühl, Schicksal oder sonstige Behinderung. Dabei ist es gleichgültig, ob diese Hemmung von innen oder außen kommt. In jedem Fall behindert sie die freie Entfaltung unserer Möglichkeiten. Saturn auf einer ungünstigen Frequenz umfaßt also alles, was eine uns gemäße Entfaltung behindert: hierher gehören Moralvorstellungen, Normen, gesellschaftliche Maßstäbe (»das tut man nicht«), Ideale, aufgesetzte Autorität und uns beschneidende Elternrollenspieler. Immer, wenn wir mit diesen konfrontiert werden, stoßen wir in unangenehmer Art und Weise auf Hindernisse, die uns unser Begrenztsein bewußt machen. Es ist, als ob sich unserer Entfaltung oder unserem harmlosen »Einfach-in-der-Welt-Sein« die Realität aufdrängte.

Es ist jedoch wichtig, zwischen realen Grenzsetzungen und solchen, die auf menschlicher Willkür beruhen, zu unterscheiden. Auch die realen Grenzsetzungen wie Vergänglichkeit und Tod sind Entsprechungen des Saturns. Auch sie lösen den für Saturn typischen Bewußtwerdungsprozeß aus. Hier ist es jedoch ein Stoßen an naturgegebene Grenzen, an dem ich wachsen kann, während das Stoßen an Grenzen menschlicher Willkür mein Wachstum behindert. Indem ich z. B. meinen Tod akzeptiere, gelingt mir eine vertiefte Hinwendung zum Leben. Es ist, als ob mir die Einsicht in meine Sterblichkeit ein Recht auf mein Leben verliehe. Wenn es uns gelingt, das Recht auf unser Leben zu erleben und zu leben, dann realisieren wir Saturn auf einer günstigen Frequenz. Konkret bedeutet das, daß wir unser Leben den natürlichen Lebensgesetzen unterstellen und nicht mehr den gesellschaftlichen

Einspürung

Normen, Moralvorstellungen, Idealen usw. unterwerfen. Wir tun nicht mehr, was *man* tut, sondern wir folgen einer eigenen, inneren Rechtsordnung. An die Stelle des erlernten Gewissens tritt ein eher existentielles Gewissen. Letzteres stellt sich mahnend ein, wenn ich meine ureigensten Möglichkeiten verleugne und mein Leben unsinnigen Moralvorstellungen opfere.

Saturn symbolisiert die Struktur in unserem Leben – sei diese nun fremd- oder eigenbestimmt. Wenn ich aus der vorlaufenden Todeserfahrung ein Recht auf mein Leben gewonnen habe und es daher nicht mehr einsehen kann, mich durch dem Leben entgegengesetzte Maßstäbe einschränken zu lassen, dann habe ich die Chance, zu Tiefe, Ernst und Eigentlichkeit vorzustoßen. Ich kann meinem Leben selbst einen festen Grund geben, d. h. es wird nicht mehr durch eine äußere Rechtsordnung stabilisiert, sondern vielmehr durch eine den natürlichen Notwendigkeiten entwachsende Freiheit. Das bedeutet, daß ich die Verantwortung für mein Leben übernehme, d. h. ich verantworte mich, indem ich mit meinem individuell gelebten Leben auf den Tod antworte. Ich entwickele so ein Recht auf mein Leben und das heißt automatisch, daß ich nicht mehr von Schuldgefühlen umstellt werde; Schuldgefühle, Elternrollenspieler und Blockaden können nur da zupacken oder greifen, wo ich ein Defizit an Recht erlebe.

In der bewußten Übernahme von Verantwortung für mein Leben werde ich gewissermaßen konkret und gewinne als ichselbst im Gegensatz zum man-selbst Profil; ich festige meine Individualität und gebe meinem Leben Tiefe und Struktur. Wenn ich derart eigengesetzlich ins Leben trete, kann ich auch die anderen günstigen Saturn-Frequenzen besser umsetzen: zu ihnen gehören Ausdauer, Selbstdisziplin, Askese, Konzentration und Festhalten des Erreichten. Es ist z. B. viel leichter, mit Ausdauer und Konzentration der Entwicklung seiner Selbstbestimmung und Eigentlichkeit oder der Förderung der Gesetze des Lebens zuzustreben, als die gleichen Eigenschaften für eine fremdbestimmte Identität oder Arbeit zu mobilisieren. Wenn ich auf diese Art meinen Saturn nutze, um meiner Identität ganz konkret Festigkeit und Form zu geben, und wenn ich die Verantwortung für mein Leben und Sosein nicht an Institutionen via Zeugnisse und Berechtigungszettel delegiere, sondern sie selbst in die Hand nehme, dann braucht mir der Saturn nicht mehr in verzauberter Form von außen als Schicksal in mein Leben zu funken.

Ich bin ein Teil von jener
Kraft, die stets das Böse will
und stets das Gute schafft.

Johann Wolfgang von Goethe[24]

Wer zu bequem ist,
um selber zu denken
und selber sein Richter zu sein,
der fügt sich eben in die Verbote,
wie sie nun einmal sind.
Er hat es leicht.
Andere spüren selber Gebote in sich,
ihnen sind Dinge verboten,
die jeder Ehrenmann täglich tut,
und es sind ihnen andere Dinge erlaubt,
die sonst verpönt sind.
Jeder muß für sich selber stehn.

Hermann Hesse[25]

Denk' es, o Seele!

Ein Tännlein grünet wo,
Wer weiß, im Walde,
Ein Rosenstrauch, wer sagt,
In welchem Garten?
Sie sind erlesen schon,
Denk' es, o Seele!
Auf deinem Grab zu wurzeln
Und zu wachsen.

Zwei schwarze Rößlein weiden
Auf der Wiese,
Sie kehren heim zur Stadt
In muntern Sprüngen.
Sie werden schrittweis' gehn
Mit deiner Leiche;
Vielleicht, vielleicht noch eh'
An ihren Hufen
Das Eisen los wird,
Das ich blitzen sehe!

Eduard Mörike[26]

Pluto

Ihn finden und schlagen
diesen Weg ohne Schilder
– so sich mächtig
Zwang und Ohnmacht »entwandelnd«.

Pluto repräsentiert in der ungünstigen Frequenz eine Urgewalt, der wir nicht widerstehen können. Immer wenn wir einen inneren oder äußeren Zwang erleben, unterstehen wir einer Macht, der wir scheinbar nicht ausweichen können. In der Zwangshandlung sind wir wie magisch gebannt und fühlen uns jeder Selbstbestimmung beraubt. Wir funktionieren nach einem fremden Programm. Mit dem Stichwort »Fremdprogramm« leuchtet die Brücke auf, die uns zu einer erlösten Plutofrequenz führen kann: nämlich das *eigene* Programm, der *eigene* Plan und einher damit der eigene Weg. Wenn wir eine eigene Vorstellung und einen eigenen Plan für unser Vorgehen haben, dann können wir automatisch nicht mehr so leicht in fremde Konzepte gepreßt werden.

Das Umsetzen eigener Pläne, d. h. das Gehen eines eigenen Weges, setzt voraus, daß wir unsere eigene Meinung herausgebildet und gefestigt haben. Andernfalls können wir nicht einen unserem Leben gemäßen Weg konzipieren, sondern spulen unser Leben nach herrschenden Meinungen und Vorstellungen ab. Wir sind dann – wieder auf der ungünstigen Plutofrequenz – das Opfer von uns nicht gemäßen oder sogar allgemein lebensfremden Leitbildern. Zwanghaft funktionieren wir dann im Sinne dieser Leitbilder, oder wir erfüllen zwanghaft die Erwartungen, die andere an uns stellen. Die Erwartungen der anderen erleben wir immer als Druck. Insofern zeigen Druck und Zwang immer an, daß und wo unser eigenes Programm und unser eigener Lebensweg nicht genügend entwickelt sind. Dieses zwanghafte Verhalten kann so weit gehen, daß wir den Erwartungen anderer Menschen oder der Gesellschaft oder der Kirche oder einer religiösen Gemeinschaft bereits entsprochen haben, *bevor* wir uns klargemacht haben, was unsere eigenen Vorstellungen in bezug auf eine bestimmte Sache

Einspürung

sind. Wir handeln zwanghaft oder automatisch unter dem Diktat, den Forderungen, Vorstellungen und Druckmitteln anderer.

Eine äußere Manifestation von Pluto ist der Chef, der uns herumkommandiert nach *seinen* Vorstellungen eben und jeder dominante Mensch oder Guru, der versucht, uns keinen Raum für Selbstbestimmung zu lassen. So geht es bei Pluto auch um das Phänomen Macht. Macht auf der einen Seite und Ohnmacht auf der anderen sind zwei Pole negativer Plutofrequenzen.

Ohnmacht, Zwang, Druck und Fremdbestimmung können schließlich als so unerträglich empfunden werden, daß sie uns ihrerseits zwingen, eine Verhaltensänderung vorzunehmen. Durch diesen Leidensdruck werden wir zu einer letztlich in unserem Interesse liegenden Wandlung getrieben. Wir müssen uns ändern; unser altes Ich muß sterben, damit Raum für ein neues Ich entsteht.

Pluto hat insofern mit innerer Wandlung, mit Transformation zu tun. Er zwingt uns unnachgiebig, und wenn es sein muß auch mit Brutalität zum Verlassen alter Wege. Die Frage ist nur, ob diese Wandlung durch äußere Umstände erzwungen wird, oder ob wir sie durch das Erarbeiten und Umsetzen eigener Vorstellungen und Pläne selbst erwirken.

Entscheidend hierbei ist, daß ich nun nicht meinerseits in die Machtposition verfalle und Druck ausübe und andere mit meinen Erwartungen und Vorstellungen bedränge. Ein solches Umschwenken vom Kind- zum Elternrollenspieler kann zwar eine Übergangsphase markieren; aber es handelt sich hierbei immer noch um eine ungünstige Plutofrequenz, da der Machthaber oder Guru nicht in stiller Überzeugtheit seinen eigenen Weg geht, sondern die Untergebenen oder Anhänger zur Stabilisierung »seines« Weges benötigt. Aus Angst, sie zu verlieren, übt er Macht aus. Die Lösung heißt hier immer, seinen eigenen Weg gehen, aber auch den anderen seinen Weg gehen lassen.

Auf den Bereich der Partnerschaft übertragen bedeutet das, daß eine Partnerschaft nur dann verwurzelt und gefestigt werden kann, wenn jeder der Partner seinen Weg gehen kann und nicht nach den Erwartungen des anderen funktioniert, denn nur dann sind die Partner frei und offen, sich aufeinander wirklich einzulassen, nur dann können sie auch gemeinsam einen Weg gehen und ihre Partnerschaft vertiefen – andernfalls wäre ihre Partnerschaft ein einziges Zwangsritual, das sich statisch vollzöge, ohne eine echte Begegnung mit dem Partner zuzulassen. Fixe Rollenzuweisungen in einer Partnerschaft sollten uns daher mißtrauisch stimmen, weil sie meistens eine freie und individuelle Entfaltung der Persönlichkeit unterdrücken.

»Ohnmacht der Gewohnheit«
Spruch

Selige Sehnsucht

Sagt es niemand, nur den Weisen,
Weil die Menge gleich verhöhnet,
Das Lebend'ge will ich preisen,
Das nach Flammentod sich sehnet.

In der Liebesnächte Kühlung,
Die dich zeugte, wo du zeugtest,
Überfällt dich fremde Fühlung,
Wenn die stille Kerze leuchtet.

Nicht mehr bleibest du umfangen
In der Finsternis Beschattung,
Und dich reißet neu Verlangen
Auf zu höherer Begattung.

Keine Ferne macht dich schwierig,
Kommst geflogen und gebannt,
Und zuletzt, des Lichts begierig,
Bist du Schmetterling verbrannt.

Und solang du das nicht hast,
Dieses: Stirb und werde!
Bist du nur ein trüber Gast
Auf der dunklen Erde.

Johann Wolfgang von Goethe[27]

Einspürung

Auf dem Kirchhof

Der Tag ging regenschwer und sturmbewegt,
Ich war an manch vergessenem Grab gewesen.
Verwittert Stein und Kreuz, die Kränze alt,
Die Namen überwachsen, kaum zu lesen.

Der Tag ging sturmbewegt und regenschwer,
Auf allen Gräbern fror das Wort: Gewesen.
Wie sturmestot die Särge schlummerten,
Auf allen Gräbern taute still: Genesen!

Detlev von Liliencron[28]

Betrachten wir im Überblick das durch die Planeten repräsentierte Kräftespiel im Menschen: Der Mond reflektiert das mit der Sonne gegebene Kernanliegen, er macht mich mir spürbar, in dem, was ich meine Identität nenne. Jupiter läßt mich erleben, daß ich nur wahrhaft glücklich bin, wenn ich diese Identität auf einen, meinen Sinn hin entfalte und entwickele, d.h. mich immer wieder transzendiere. Mit Pluto entwickele ich eine Vorstellung, einen Plan, wie dies zu machen ist, Merkur liefert die nötigen Informationen und kommunikativen Fertigkeiten, um diesen Weg in der Welt zu konkretisieren. Die Marskraft hilft mir, diesen Weg durchzusetzen, und die von Venus repräsentierte Fähigkeit ermöglicht die in diesem Prozeß notwendige Abgrenzung. Saturn läßt mich über die Bewußtwerdung meiner Sterblichkeit erfahren, daß ich ein Recht auf diesen Weg, auf mein Leben habe.

Uranus

Die Abkürzung zum Wunder
findet der Eigenwillige,
weil er nicht aufgehalten wird
von den Schranken einer eingekerkerten Welt.

Erich Fried sagte einmal: »Für Freiheit bin ich nicht dankbar, weil ich sie stets neu erkämpfen muß.« Wenn wir das Gefühl haben, für unsere Freiheit kämpfen zu müssen, dann erleben wir unseren Uranus in einer unerlösten Form. Wir fühlen uns dann innerlich nicht frei, unser äußeres Leben nach unseren eigenen Maßstäben und Vorstellungen zu gestalten. Fremde Maßstäbe und gesellschaftliche Normen knebeln unsere Selbstentfaltung, wodurch unsere Energie derart gestaut werden kann, daß wir u. U. mit plötzlichen Ausbrüchen, Befreiungsversuchen, Veränderungslust oder Nervenleiden reagieren. Wir wollen uns aus schrecklicher Enge befreien und schütten das Kind mit dem Bade aus. Wir erleben Uranus als eine große Unruhe, die sich immer dann meldet, wenn unser Leben nicht mehr erträglich ist. Wir wollen ausbrechen – u. U. kommt es dann zu Kurzschlußhandlungen, mit denen wir hoffen, die gegenwärtige Situation sprengen zu können. So verschafft uns Uranus bzw. die von ihm symbolisierte Unruhe und Aufbruchsstimmung immer etwas Luft und Befreiung. Diese Befreiung ist jedoch nur kurzzeitig, wenn es sich um eine Befreiung von etwas handelt anstatt ein freiheitliches Aufbrechen zur Verwirklichung unserer individuellen Vorstellungen zu sein. Letzteres entspricht der erlösten Uranusfrequenz. Wenn das innerlich als richtig Empfundene uns keine Wahl mehr läßt, und wir den Mut haben, es zu tun, dann sind wir wirklich frei.

Wir können auch nur dann unsere Individualität, Spontaneität und Originalität leben und entfalten, wenn wir unsere Freiheit wagen. Nur dann kann der von Uranus symbolisierte Individuationsprozeß einsetzen.

Wir erleben Uranus also als eine Kraft, die den Rahmen des Gewohnten, die Traditionen, Bindungen und festgelegten Gesetz-

Einspürung

mäßigkeiten eines Systems sprengt, wenn diese unsere Eigenentwicklung einschränken oder zu bedrohen scheinen. So wird uns Uranus zur Forderung, unsere Individualität, die Einmaligkeit unserer Person auszubauen, Festes und Gesichertes aufzugeben im Wagnis, uns ganz auf uns selbst zu stellen. Diese radikale Bewegung auf uns selbst hin ermöglicht uns eine wirkliche Freiheit, mit der wir Neues schaffen können in der Welt, anstatt uns im trotzigen Aufbegehren gegen das Alte zu erschöpfen. Eine trotzige Gegenbewegung gegen das Überkommene bleibt an diesem orientiert und von ihm bestimmt und ebnet daher nicht den Weg zu wirklich Neuem. In der unerlösten Form hat »Freiheit« den Charakter einer Rückwärtsbewegung, die sich vom Alten absetzen möchte, wodurch viel Energie verpufft wird, die dann für konstruktive Befreiungsschritte nicht mehr zur Verfügung steht; und in der erlösten Form könnte man Freiheit als Vorwärtsbewegung in neue, unerschlossene Räume hinein verstehen. Analog zu diesen Freiheitsformen gibt es auch zwei Grundformen, Individualität zu leben: zum einen den Pseudoindividuellen, der sein Besonders-sein aus einem provokanten Sich-abheben vom Alten entwickelt und den wirklich individuellen Menschen, der seiner persönlichen Individualität Ausdruck verleiht – er ist im wahrsten Sinne des Wortes eigen-willig. Wer von seinem eigenen Willen bestimmt wird, ist wirklich frei und unabhängig, was impliziert, daß er nicht mehr um Freiheit zu kämpfen braucht. Die von Uranus symbolisierte Unruhe, Nervosität und angespannte Erregtheit wird der Eigen-willige mehr in Form von Geistesblitzen, Intuitionen und Erfindungsgabe erleben. Am Beispiel des Erfinders sieht man deutlich, daß es sich bei ihm um einen eigen-willigen Menschen handelt, der neue Wege über Intuition erkennt und wagt zu gehen. Er gießt seine Individualität in eine Form. Er ist besonders, weil er etwas Besonderem zum Ausdruck verhilft und seine Lebensdynamik ist nach vorne, in die Zukunft gerichtet.

Freiheit

Viele meinen,
frei zu sein –
frei,
weil sie sich nie
über die Kreise
hinausbewegten,
an denen ihre Ketten
anspannen

Autor unbekannt

Ausgesetzt auf den Bergen des Herzens

Ausgesetzt auf den Bergen des Herzens. Siehe, wie klein dort,
Siehe: die letzte Ortschaft der Worte, und höher,
Aber wie klein auch, noch ein letztes
Gehöft von Gefühl. Erkennst du's?
Ausgesetzt auf den Bergen des Herzens. Steingrund
Unter den Händen. Hier blüht wohl
Einiges auf; aus stummem Absturz
Blüht ein unwissendes Kraut singend hervor.
Aber der Wissende? Ach, der zu wissen begann
Und schweigt nun, ausgesetzt auf den Bergen des Herzens.
Da geht wohl, heilen Bewußtseins,
Manches umher, manches gesicherte Bergtier,
Wechselt und weilt. Und der große geborgene Vogel
Kreist um den Gipfel reine Verweigerung. – Aber
Ungeborgen, hier auf den Bergen des Herzens ...

Rainer Maria Rilke[29]

Einspürung

Reiselied

Wasser stürzt, uns zu verschlingen
Rollt der Fels, uns zu erschlagen,
Kommen schon auf starken Schwingen
Vögel her, uns fortzutragen.

Aber unten liegt ein Land,
Früchte spiegelnd ohne Ende
In den alterslosen Seen.

Marmorstirn und Brunnenrand
Steigt aus blumigem Gelände,
Und die leichten Winde wehn.

Hugo von Hofmannsthal[30]

Neptun

Raumlose Weite,
zeitloses Jetzt
Aufwachen im Wachsein
– so offenbart sich die Gottheit.

Wenn wir uns auf die von Neptun symbolisierte Qualität im Menschen einstellen, dann spüren wir, daß es in uns eine Sehnsucht, eine ganz große Sehnsucht gibt, mit der wir über uns hinausstreben. Es ist nicht ein ehrgeiziges Streben, das dem Saturn zugeordnet wird; es ist auch nicht das zu Jupiter gehörende Streben, unsere Identität zu sinnerfüllter Entfaltung zu bringen, sondern es ist ein Streben, mit dem wir über unsere Ichgrenzen hinauswollen: Wir wollen uns entgrenzen auf ein überpersönliches, transzendentes Sein hin: hinaus aus unserer engen Ichbefangenheit.

Die Frage ist hierbei, ob unsere Sehnsucht nach Ich-Weitung gemäß einer günstigen oder einer ungünstigen Neptunfrequenz erfolgt. Bei der günstigen Frequenz erleben wir eine reale Öffnung zum Transzendenten und Kosmischen hin. Wir erspüren ein Hineingenommensein in größere Zusammenhänge. Einher damit geht ein Freiheitsgefühl, das uns erlaubt, unsere Ich-Weitung auch zum Ausdruck zu bringen. Es ist, als seien wir ausgestiegen aus den Grenzen menschlicher Bedingtheit, und in dem Bewußtsein unseres eigentlichen Menschseins, das jenseits von Sozialisation und Umwelteinflüssen liegt, fällt es uns leicht, gesellschaftlichen Normen nicht mehr zu entsprechen. Unser Bewußtsein hat sich ganz real geweitet, weil wir uns mit einer »ahnungsbeflügelten« Empfänglichkeit den Räumen jenseits unserer Ichgrenzen geöffnet haben. Dadurch sind diese Grenzen durchlässig geworden. Möglicherweise erfüllen uns eine allumfassende Liebe und ein Mitgefühl, die uns den anderen und die Welt nicht mehr als etwas Fremdes erleben lassen, sondern als etwas, das von dem gleichen Lebensprinzip getragen wird wie wir selbst.

Bei der ungünstigen Frequenz versuchen wir den Ausstieg aus unseren Ichgrenzen über bewußtseinserweiternde Mittel z.B.

Einspürung

Alkohol, Drogen, Tabletten etc. Oder wir flüchten uns in eine Scheinwelt, wie sie uns vom Fernsehen präsentiert wird. Das Hoffen auf eine bessere Zukunft gehört ebenfalls hierher, weil es eine Ich-Weitung in die Zukunft verlagert – anstatt sie hier und jetzt real zu versuchen. Auch die Werbung, die uns vorgaukelt, daß alles toll sei, baut eine derartige Scheinwelt auf. Alle Formen von Flucht und Sucht haben das Ziel, aus einem als unangenehm empfundenen Jetzt-Zustand auszubrechen, zu entkommen. Sie versprechen alle eine Erlösung von der engen Ichbefangenheit. Da diese Erlösung jedoch nur vorübergehend ist und meistens aus bewußten oder unbewußten Ängsten ersehnt wird, gehört sie zur verzauberten Neptunfrequenz.

Im Rauschzustand, der z. B. durch Drogen hervorgerufen wurde, erlebe ich eine Bewußtseinserweiterung, der ein unangenehmes Erwachen folgt; während die Ekstase oder das mystische Erleben eine Bewußtseinserweiterung hervorrufen, die auch nach dem Höhepunkt meines Erlebens positiv andauern. Es gibt in diesem Fall kein Erwachen aus einer Scheinwelt, kein Zurückkehren zur Realität, weil das Erlebnis ein Hinschreiten zu einer neuen, eben noch realeren Realität gewesen ist. Wahre Entgrenzung: wahres Neptunerleben.

Auch die Lüge ist ein Sprengen der Realität, und sie »erweitert« unser Bewußtsein über die Grenzen der Realität hinaus, weshalb sie ebenfalls Neptun zugeordnet wird.

Ich setzte den Fuß in die Luft und fühlte, sie trug.

Hilde Domin[31]

Hoffnung

Wir brauchen
Träume
die uns
wachhalten

ali Lüpkes[32]

Weltgeheimnis

Der tiefe Brunnen weiß es wohl,
Einst waren alle tief und stumm
Und alle wußten drum.

Wie Zauberworte, nachgelallt
Und nicht begriffen in den Grund,
So geht es jetzt von Mund zu Mund.

Der tiefe Brunnen weiß es wohl;
In den gebückt, begriff's ein Mann,
Begriff es und verlor es dann.

Hugo von Hofmannsthal[33]

Einspürung

Meer

Wenn man ans Meer kommt
soll man zu schweigen beginnen
bei den letzten Grashalmen
soll man den Faden verlieren

und den Salzschaum
und das scharfe Zischen des Windes
einatmen
und ausatmen
und wieder einatmen

Wenn man den Sand sägen hört
und das Schlurfen der kleinen Steine
in langen Wellen
soll man aufhören zu sollen
und nichts mehr wollen wollen
nur Meer

Nur Meer

Erich Fried[34]

AUFSPÜRUNG

Orientierungshilfe

Orientierungshilfe zur Aufspürung

der eine Planet	der andere Planet
Hier eingetragen finden Sie auf den folgenden Seiten Schlüsselbegriffe,	die charakteristisch für die jeweils angegebenen Planeten- symbole sind.

Bilden **der eine** und **der andere** einen Aspekt, so können sie folgendermaßen erlebt werden:

Projektion (eine) / Projektion (andere): Da sich der Einfallsreichtum des Lebens niemals theoretisch einfangen läßt, ist die Kurzdarstellung der hier auf- geführten Projektionsformen natürlich sehr unvollständig. Mein Anliegen ist es, das Aufspüren von Projektionen sowohl durch abstrakte Darstellungen wie durch Beispiele zu erleichtern.

Somatisierung: Die hier genannten Krankheiten werden in der Regel nicht manifest. Sie sind als letzte Ausdrucksmöglichkeit einer »unerlösten Seele« zu verstehen.

Todesart / -ursache: Die zum Teil sehr bildlich formulierten Todesarten oder Todesauslöser illustrieren Sackgassen, in die nicht gelebte Kräfte führen kön- nen.

»Psychotisierung«: Bleibt die Energie in einer »psychischen Sackgasse« stecken, so kann es zu den hier aufgeführten seelischen Engpässen kommen.

Skriptbotschaft: Wie auch bei allen anderen Punkten ist die hier eingetra- gene Skriptbotschaft (= festschreibende Direktive) jeweils eine von vielen an- deren Möglichkeiten.

Schicksal (-): Hier steht, wie es sich auswirken kann, wenn die oben ange- führten Kräfte dem einzelnen nicht zur Verfügung stehen. Was also passieren kann, wenn er sein Leben nicht lebt.

Integration (= Schicksal +): Und hier werden die positiven Konsequenzen gelebten Lebens dargestellt. So fühlt es sich an, wenn sich die eigenen Kräfte nicht mehr in obigen Schicksals- oder Ersatzformen ausdrücken, sondern inte- griert sind: also Besitz des einzelnen sind.

Last but not least: hier jeweils schlagwortartig ein Beispiel aus der unbe- grenzten Menge an alltäglichen, konkreten Erscheinungsformen.

Die aufgeführten Umsetzungsformen geben eine *allgemeine* Richtung an; die *spezielle* Realisationsform kann dann aufgrund der Kenntnis dieser allgemeinen Richtung im Einzelfall wiedererkannt werden.

Aufspürung

Saturn	Sonne
– Eingrenzung / Blockade / Normen	– zentraler Lebensantrieb / Kernanliegen
– Schicksal / Zwangslauf / Tatsachen	– Schöpfungsimpuls / Sexualität
– Gesetze des Lebens (Kausalität / Karma)	– Selbstverwirklichung / Handlungsfähigkeit
– Schatten	– Ego

Bilden Saturn und Sonne einen Aspekt, so können sie folgendermaßen erlebt werden:

Projektion (Saturn): In dem Bemühen, mich zu verwirklichen, stoße ich auf Elternrollenspieler, Normen, Autoritätspersonen usw., die mein Bemühen hemmen und sogar vereiteln.

Projektion (Sonne): Andere (hauptsächlich Männer) in meinem Umfeld versuchen, sich zu verwirklichen, und ich enge sie mit meinen Ansprüchen ein oder kompensiere auf andere Art und Weise meinen Haß oder Neid, indem ich sie irgendwie belaste oder zurückhalte.

Somatisierung: chronische Erkrankungen, niedriger Blutdruck

Todesart / -ursache: Heldentod

»Psychotisierung«: latente Lebensängste, zeitweise Depressionen, Süchte zur scheinbaren Verminderung von Schmerz und Frustration, chronische Schuldgefühle, anankastische Persönlichkeit, Zwangshandlungen oder -vorstellungen (auch: Saturn / Pluto)

Skriptbotschaft: Sei nicht! Sei perfekt!

Planeten- bzw. Kräftekombinationen

Schicksal (–): Das Befolgen mir wesensfremder Normen begünstigt Pessimismus, Unglückserwartungen sowie Aufreibung und Verausgabung in perfektionistischem Handeln, das letztlich immer zum Eigentor wird.

Integration (= Schicksal +): Die im eigenen Innern und in der Natur gefundenen Gesetze des Lebens gestalten mein Dasein und ersetzen jede Anlehnung an fremde Autorität. Ich habe die volle Verantwortung für mein Handeln übernommen und fühle Klarheit und Festigkeit in allem, was ich tue. Tief fundiertes Selbstbewußtsein, zähe Lebenskraft

Last but not least: Autobahn

Die aufgeführten Umsetzungsformen geben eine *allgemeine* Richtung an; die *spezielle* Realisationsform kann dann aufgrund der Kenntnis dieser allgemeinen Richtung im Einzelfall wiedererkannt werden.

Aufspürung

Saturn	Mond
– Eingrenzung / Blockade / Normen	– kindhafte Unbefangenheit
– Schicksal / Zwangslauf / Tatsachen	– Identitätsgefühl
– Gesetze des Lebens (Kausalität / Karma)	– Gefühle / Wünsche / Träume / Bedürfnisse
– Schatten	

Bilden Saturn und Mond einen Aspekt, so können sie folgendermaßen erlebt werden:

Projektion (Saturn): Ich lebe meine Wunschnatur, u. U. in meine Träume ausweichend und stoße dann auf Umstände und Menschen, die mich einengen oder mir vorschreiben, wie ich zu sein hätte. Die sogenannte »harte Realität« bedrängt meine Seele.

Projektion (Mond): Ich lebe den saturnalen Pol z. B. als Moralapostel, Autoritätsperson, als jemand, der einfach weiß, was *man* tut und werde mit Gefühlsausbrüchen (draußen / innen) konfrontiert. »Softies«, eher sentimentale Menschen belästigen meine wohlgeordnete Saturnwelt. Oder Land, ein Stück Heimat erwerben → »Geborgenheit« über äußere Dinge.

Somatisierung: Trockenheit der Schleimhäute, Anfälligkeit für Entzündungen, Magengeschwüre

Todesart / -ursache: seelisches Abkümmern

»Psychotisierung«: Depressionen, schwerfälliges Seelenklima, Mangel an Humor, gemütsarme Persönlichkeit, Eßprobleme

Skriptbotschaft: Fühle nicht!

Planeten- bzw. Kräftekombinationen

Schicksal (–): Lebensfremde Normen verstellen mir den Zugang zu meinen Bedürfnissen und meiner seelischen Eigenart → Hemmung im seelischen Ausdruck. Mutterprobleme, Ungeborgenheit im Wohnbereich und in der Partnerschaft.

Integration (= Schicksal +): Ich fühle ein Recht auf meine tiefste Identität, meine Wünsche und Bedürfnisse zu haben. Ich bin geborgen in mir und in meinem Umfeld, in dem die Gesetze des Lebens an die Stelle von einengenden und unsinnigen Normen getreten sind.

Last but not least: Konfektionskleidung / BH

Die aufgeführten Umsetzungsformen geben eine *allgemeine* Richtung an; die *spezielle* Realisationsform kann dann aufgrund der Kenntnis dieser allgemeinen Richtung im Einzelfall wiedererkannt werden.

Aufspürung

Saturn	Merkur

– Eingrenzung / Blockade / Normen
– Schicksal / Zwangslauf / Tatsachen
– Gesetze des Lebens (Kausalität / Karma)
– Schatten
	– geistige Wachsamkeit:
	  • Verstand
	  • Vernunft
	– Informationsaufnahme und -weitergabe (Kommunikations- und Ausdrucksfähigkeit)
	– geistige und seelische Reinigung

Bilden Saturn und Merkur einen Aspekt, so können sie folgendermaßen erlebt werden:

Projektion (Saturn): In dem Bestreben, sich seelisch wie geistig verständlich zu machen, stößt man auf korrigierende, bevormundende Elternrollenspieler oder starre Denksysteme, welche Ausdrucksfähigkeit und Wahrnehmung beschneiden. (»Die Welt ist nun mal so und so.«) Die Informationsaufnahme stößt auf Hindernisse → Lernen steht unter anstrengendem Leistungsanspruch.

Projektion (Merkur): Die geistige Beweglichkeit anderer wirkt beängstigend, weshalb sie beschränkt wird. Man setzt dem Denken und Sprechen Grenzen, in dem Bedürfnis, die Welt dadurch scheinbar verfügbarer zu machen.

Somatisierung: Nervenkrankheiten mit chronischer Tendenz, Obstipation, Beeinträchtigung der Sinnesorgane, ungeschickte Bewegungen, Atemnot, Asthma, Gicht, Lähmung, Versteifungen

Todesart / -ursache: Totale Unterordnung und Anpassung → Vereinsamung der eigenen Seele

Planeten- bzw. Kräftekombinationen

»Psychotisierung«:   Dogmatismus, Autismus

Skriptbotschaft: Denke nicht!

Schicksal (−):   Lernschwierigkeiten, Zwangslauf im Denken, starres Anklammern an Denksysteme (z. B. »Es ist wissenschaftlich bewiesen, daß ...«) → Eingeschränkte Kommunikation sowohl geistig wie seelisch → Anpassung an begrenzte Lebensmöglichkeiten (auch Unterordnung), krankmachende Arbeitssituation, die Wahrnehmung ist auf das gesellschaftlich Akzeptable beschränkt, wodurch wiederum die Ausdrucksfähigkeit gehemmt wird.

Integration (= Schicksal +):   Ich bringe die Gesetze des Lebens seelisch wie geistig zum Ausdruck: *Ich* drücke *mich* aus, ich zeige mich → psychohygienischer Prozeß = Krankheitsprophylaxe. Tiefe, ernste und eigentliche Gespräche; gute Konzentration und gutes Sachgedächtnis. Mein Denken wird von Realität beflügelt und gestaltet die Realität (Realität = was ist), anstatt von Pseudorealität blockiert zu werden.

Last but not least: Buchbinderei

Die aufgeführten Umsetzungsformen geben eine *allgemeine* Richtung an; die *spezielle* Realisationsform kann dann aufgrund der Kenntnis dieser allgemeinen Richtung im Einzelfall wiedererkannt werden.

Aufspürung

Saturn	Venus
– Eingrenzung / Blockade / Normen – Schicksal / Zwangslauf / Tatsachen – Gesetze des Lebens (Kausalität / Karma) – Schatten	– sinnliches Aufgehen im Augenblick (Genuß, Erotik, Lust, Kunst) – äußerer und innerer Ausgleich (Schönheit / Harmonie)

Bilden Saturn und Venus einen Aspekt, so können sie folgendermaßen erlebt werden:

Projektion (Saturn):   Der Hingabe- und Genußpol wird gelebt und stößt auf Ablehnung, Maßregelung und Leistungsansprüche; Ämter und Autoritätsträger beschneiden die eigenen Finanzen.

Projektion (Venus):   Konfrontation z. B. mit Genußsüchtigen, denen man glaubt Einhalt gebieten zu müssen. Das Sinnliche wird im andern und bei sich selbst bekämpft. Modegeschäft, Aufsichtsperson in einer Kunstausstellung.

Somatisierung: Hautkrankheiten, Nieren- und Blasenleiden, auch Nierensteine, Allergien

Todesart/-ursache: Sich ungeliebt fühlen, nicht gebraucht werden. Dahinter: Blockade der eigenen Liebesfähigkeit.

»Psychotisierung«:   Minderwertigkeitskomplexe, Eßprobleme (Bulimie/Anorexie), Berührungsängste, Frigidität, (Anaphrodisie: das Fehlen affektiver Beteiligung beim Sexualakt)

Skriptbotschaft: Laß dich mit niemandem ein! Sei nicht nah! Liebe niemanden! Erst die Arbeit, dann das Vergnügen!

Schicksal (–): Enttäuschung in Beziehungen → viele unverbindliche »Beziehungen«, ganz feste »übertreue« Beziehung mit Eifersucht. Das Gefühl, nicht liebenswert zu sein, stört den Selbstwert → Kontaktscheu, Angst, sich einzulassen, auch Ekelgefühle oder Prostitution.

Finanzielle Enge; der Lebensstil richtet sich nach der Norm und ist karg; unerreichbares Schönheitsideal, das abhängig macht oder knechtet.

Der Sinn für Schönes und Geschmackvolles ist nicht ausgebildet → Fehlkäufe.

Integration (= Schicksal +): Ich fühle, ein Recht auf eine mir gemäße Erotik zu haben. Ich genieße mein Leben und fühle mich angstfrei wohl in meinen Partnerschaften. Tiefe Empfindungsfähigkeit, die weder klammert noch ins Oberflächliche ausweicht. Mein Lebensstil richtet sich nach meinen eigenen Maßstäben und ist im Einklang mit den Gesetzen des Lebens. Ich habe alles, was ich für die Befriedigung meiner Bedürfnisse brauche.

Last but not least: Antiquitäten

Die aufgeführten Umsetzungsformen geben eine *allgemeine* Richtung an; die *spezielle* Realisationsform kann dann aufgrund der Kenntnis dieser allgemeinen Richtung im Einzelfall wiedererkannt werden.

Aufspürung

Saturn	Mars
– Eingrenzung / Blockade / Normen – Schicksal / Zwangslauf / Tatsachen – Gesetze des Lebens (Kausalität / Karma) – Schatten	– Tatendrang, Antriebskraft – Durchsetzung, Selbstbehauptung – spontanes Begehren, Trieb – suchende Unruhe (Drang) – schroffes Eingreifen (Mut → Wut) – Draufgängertum, Eroberungslust

Bilden Saturn und Mars einen Aspekt, so können sie folgendermaßen erlebt werden:

Projektion (Saturn): Schuldgefühle stellen sich bei Durchsetzungsbestrebungen ein. In der Außenwelt tauchen Autoritäten, Maßregler usw. auf und behindern die Selbstbehauptung und den Energiefluß des einzelnen. Leistungszwänge nehmen jeder Tätigkeit den Schwung und die Lebensfreude. → der Kräfteeinsatz ist zu hoch → overdrive: mit dem Kopf durch die Wand wollen

Projektion (Mars): Nicht gelebte Energie wird in Form von Angriffen erfahren: z.B. Aggressionen, Streit, Wespenstiche, Injektionen, lärmende Kinder etc. Diese Angriffe bekämpft und hemmt man in genau dem gleichen Ausmaß, in dem man sich seine eigene Energie nicht erlaubt. → der Kräfteeinsatz ist zu gering → underdrive: bei Hindernissen sofort aufgeben

Somatisierung: Ärger wird unterdrückt und gegen sich gewendet = autoaggressive Krankheiten: rheumatische Arthritis, Kopfschmerzen

Todesart/-ursache: u.U. gewaltsame Selbstzerstörung oder an den Folgen des Sich-Zurücknehmens sterben

Planeten- bzw. Kräftekombinationen

»Psychotisierung«: Sadismus/Masochismus; Erythrophobie (Angst, zu erröten) auch: Mars/Neptun; Schlangenphobie (auch: Saturn/Pluto); workaholic ohne Spaß, weil er nur darf, wenn es erlaubt ist; querulatorische Persönlichkeit (Motzer, Rechthaber, Beschwerdeführer)

Skriptbotschaft: Halt dich zurück!

Schicksal (–): Ehrgeizige Ziele werden rücksichtslos verfolgt → Feinde, Kräfteverschleiß. Das Leben wird durch eigene oder fremde Befürchtungen behindert → Leben auf Sparflamme. Durchsetzung und Selbstbehauptung werden von der Norm beschnitten, anstatt von den eigenen Möglichkeiten getragen zu werden.

Integration (= Schicksal +): Energie wird sachgemäß eingesetzt, anstatt sinnlos verausgabt zu werden. Die Gesetze des Lebens werden durchgesetzt, und ich erfahre, daß individuelle Durchsetzung das Miteinander der Menschen begünstigt. Meine Kraft erfüllt mich mit Lebensfreude.
»In der Begrenzung zeigt sich der Meister.« (Goethe)

Last but not least: Tretfahrrad

Die aufgeführten Umsetzungsformen geben eine *allgemeine* Richtung an; die *spezielle* Realisationsform kann dann aufgrund der Kenntnis dieser allgemeinen Richtung im Einzelfall wiedererkannt werden.

Aufspürung

Saturn	Jupiter
– Eingrenzung / Blockade / Normen	– Fülle
– Schicksal / Zwangslauf / Tatsachen	– Wachstumsimpuls (vertikal / horizontal)
– Gesetze des Lebens (Kausalität / Karma)	– Weisheit / Begeisterung
– Schatten	– verpflichtungsloser Optimismus

Bilden Saturn und Jupiter einen Aspekt, so können sie folgendermaßen erlebt werden:

Projektion (Saturn): Bei dem Bemühen zu expandieren – sei es wirtschaftlich oder persönlich – stoße ich auf Blockaden.

Projektion (Jupiter): Ich verkörpere Moral und Werte in einem Weltanschauungsbetrieb, oder ich vertrete Grundsätze und Prinzipien in einer Bildungsanstalt. Ich arbeite in einem genormten »Wohltätigkeitsunternehmen« wie z. B. Krankenhaus, Gericht etc.

Somatisierung: Gicht, Hüftbeschwerden

Todesart / -ursache: Verstauben an rigider »Frömmigkeit«

»Psychotisierung«: extreme Selbstgerechtigkeit

Skriptbotschaft: Sei immer gut katholisch / evangelisch / x.

Schicksal (–): Ich wage nicht, mein höheres Streben zu konkretisieren, weil ich mich von Maßstäben beeindrucken lasse und mir z. B. einreden lasse, daß Stabilität und gesichertes Einkommen wichtiger sind als Entwicklung. An die Stelle persönlichen Wachstums treten genormtes »Glück«, genormte Ethik, genormte Weltanschauung.

Integration (= Schicksal +): Ich habe die Verantwortung für mein inneres und äußeres Wachstum übernommen und arbeite systematisch daran. Ich fühle, ein Recht auf eine eigene Weltanschauung zu haben und lasse mich nicht durch Dogmen und Moralvorschriften in meiner Entwicklung einschränken. Durch die Realisation der Gesetze des Lebens kann ich als echte(r) Wohltäter/in fungieren.

Last but not least: Philosophie

Die aufgeführten Umsetzungsformen geben eine *allgemeine* Richtung an; die *spezielle* Realisationsform kann dann aufgrund der Kenntnis dieser allgemeinen Richtung im Einzelfall wiedererkannt werden.

Aufspürung

Saturn	Neptun
– Eingrenzung / Blockade / Normen – Schicksal / Zwangslauf / Tatsachen – Gesetze des Lebens (Kausalität / Karma) – Schatten	– Bewußtseinserweiterung • echte mystische Erfahrung (Unio Mystica) • Drogen • reale (immanente) Grenzüberschreitung • Wundergläubigkeit – Mitgefühl

Bilden Saturn und Neptun einen Aspekt, so können sie folgendermaßen erlebt werden:

Projektion (Saturn): Ich lebe in einer Illusions- und Wunschwelt und werde von den Erfordernissen der Realität schmerzlich eingeholt. Ich spüre Fehler in der Bürokratie oder autoritär strukturierten Betrieben auf. Ich bin im Illusionsgewerbe (Film, Werbung) tätig und unterhöhle dadurch die Realität.

Projektion (Neptun): Ich halte Autorität und Maßstäbe aufrecht und stoße dabei auf Auflösungsprozesse in der Außenwelt, die meine scheinbar stabil strukturierte Welt erschüttern wollen. Oder ich nutze die Illusionsbereitschaft meines Umfeldes kühl für meine Zwecke aus. Ich werde Opfer von Heimlichkeiten, Tabus, Heuchelei und Lüge, wodurch mein Wirklichkeitssinn unterhöhlt – im Entwicklungsfall – auch überhöht wird.

Somatisierung: Knochenerweichung

Todesart/-ursache: Realitätsverlust

»Psychotisierung«: Wahnsinn / Genialität / haltschwache Persönlichkeit, Akrophobie (= Höhenangst)

92

Planeten- bzw. Kräftekombinationen

Skriptbotschaft: Irr dich!

Schicksal (–): Meine Einbildungskraft ist nicht in Harmonie mit den Tatsachen, was bewirkt, daß ich Luftschlösser baue und frustriert bin, wenn deren illusionärer Charakter evident wird. Durch die genannte Spaltung von Phantasiewelt und Wirklichkeit verliert alles, was ich vermeintlich aufbaue, an Substanz. Die Welt scheint nicht mehr verläßlich zu sein. Ich entwickele Angst vor der Realität, der ich z.B. durch Rauschgift zu entkommen versuche. Sogar Angst vor Erfolg ist denkbar.

Integration (= Schicksal +): Meine Visionen und Alternativen halten der Wirklichkeitskontrolle stand und erschließen neue Räume des Realisierbaren. Einengende und unsinnige Maßstäbe habe ich durch wirksame Alternativen ersetzt, was mir Halt und Zuversicht gibt.

Last but not least: Schmuggelei

Die aufgeführten Umsetzungsformen geben eine *allgemeine* Richtung an; die *spezielle* Realisationsform kann dann aufgrund der Kenntnis dieser allgemeinen Richtung im Einzelfall wiedererkannt werden.

Aufspürung

Saturn	Uranus
– Eingrenzung / Blockade / Normen – Schicksal / Zwangslauf / Tatsachen – Gesetze des Lebens (Kausalität / Karma) – Schatten	– Emanzipation in **jeder** Hinsicht (von Mann, Frau, Kirche, Gesellschaft, Eltern, Kindern, Vergangenheit, Zukunft, Weltanschauung, von allen persönlichen Sündenböcken) – Individualität – Geistesblitz – Ausbrüche → Befreiung

Bilden Saturn und Uranus einen Aspekt, so können sie folgendermaßen erlebt werden:

Projektion (Saturn): Der pseudoindividuelle Rebell aus Prinzip wirft sich auf alles Neue und Verrückte und bekämpft Autoritäten, Eltern, Gesellschaft usw. und wird gerade von diesen bekämpften Instanzen eingeengt und zurückgepfiffen. Diese rebellischen Einseitigkeiten beeinträchtigen den Realsinn u. U. derart, daß man von der »harten Wirklichkeit« eingeholt wird.

Projektion (Uranus): Wie ein Traditionshüter hält man am Althergebrachten fest und verschreibt sich konservativen Anschauungen. Im Umfeld bekämpft man Neues und stößt auf Umbrüche und Umwälzungen. Überwertiges Pflichtbewußtsein und überhöhter Leistungsanspruch führen zur Vernachlässigung der eigenen Freizeit: Befreiung und Freizeit werden nur an anderen erlebt. Z.B. auch: sich kaputtarbeiten in einem Freizeitunternehmen. Die festgefügten Maßstäbe und Formen können durch einschneidende Trennungen oder Ereignisse erschüttert werden.

Planeten- bzw. Kräftekombinationen

Somatisierung: eingeklemmte Nerven, Knochenbrüche, Spliss, brüchige Nägel

Todesart/-ursache: Bergabsturz / alle Arten von Absturz – auch im übertragenen Sinne

»Psychotisierung«: Akrophobie = Höhenangst, Sog des Abgrunds (auch: Neptun/Uranus), Dogmatismus; besonders markante midlife-crisis

Skriptbotschaft: Werde verrückt! Oder: Sei unfrei!

Schicksal (–): Das zu starre Festhalten am Alten zwingt mich letztendlich zum Ausbruch – sei es, daß Partner sich von mir trennen, sei es über Krankheiten, sei es, daß meine midlife-crisis mich zum Hinwerfen meines alten Lebens zwingt. Oder ich bin in meiner Trotzhaltung gefangen, was dazu führt, mich nicht mit meinen Wurzeln aussöhnen zu können, wodurch ich lebenslänglich gebunden bin.

Integration (= Schicksal +): Ich habe mich von unnötigen Regeln und »Pflichten« wirklich befreit. Das bedeutet, ich habe für mich definiert, was *meine* Pflichten sind und für *diese* habe ich die Verantwortung übernommen. Außerdem habe ich ganz bewußt die Verantwortung für meine Freizeit und Emanzipation (s.o.) akzeptiert. Ich prüfe das Althergebrachte und halte an noch Brauchbarem fest, lasse aber gleichzeitig Neuerungen zu.

Last but not least: Gefängnisausbruch

Die aufgeführten Umsetzungsformen geben eine *allgemeine* Richtung an; die *spezielle* Realisationsform kann dann aufgrund der Kenntnis dieser allgemeinen Richtung im Einzelfall wiedererkannt werden.

Aufspürung

Saturn	Pluto
– Eingrenzung / Blockade / Normen	– Transformation
– Schicksal / Zwangslauf / Tatsachen	• via Fremdbestimmung • via radikale Umsetzung des eigenen Weges
– Gesetze des Lebens (Kausalität / Karma)	– tiefsitzende Muster
– Schatten (Wiederholungszwang)	

Bilden Saturn und Pluto einen Aspekt, so können sie folgendermaßen erlebt werden:

Projektion (Saturn): Im Bemühen, meinen eigenen Weg zu gehen, stoße ich auf Autoritäten, Gesetze und Normen, die mich einschränken – und an der Stelle eigener Ziele stehen; → im Kampf gegen diese Instanzen neige ich zu Druckmitteln und Manipulation bis mir bewußt wird, daß ich im Grunde gegen mich selbst kämpfe, weil ich die Gesetze des Lebens vernachlässige.

Projektion (Pluto): Durch rigide Vorgehensweisen gerate ich in Machtkämpfe. Mir wird u. U. sogar die Daseinsberechtigung abgesprochen. Aufgrund meiner Prinzipien verursache ich Leidensdruck bei andern, der dann auf mich zurückschlägt.

Somatisierung: Krämpfe, Sexualleiden, Gewalteinwirkung auf Knochen

Todesart / -ursache: zu hohes Maß an Selbstbeherrschung

»Psychotisierung«: Zwangsneurose → superperfektionistisch; es geht immer ums Prinzip, dogmatisch, moralisch, zu starkes Über-ich

Planeten- bzw. Kräftekombinationen

Skriptbotschaft: Sei folgsam oder du kommst um!

Schicksal (–):   Durch unzureichende Übernahme an Verantwortung habe ich Schwierigkeiten mit Chef/innen. Machtprobleme oder Probleme mit Vorgesetzten entstehen auch durch mangelnde Klarheit oder unzureichende Leistung.

Integration (= Schicksal +):   Ich kenne meine Ziele und habe einen Weg konzipiert, auf dem ich zu diesen Zielen gelangen kann. Da Weg und Ziele eigenbestimmt sind und mir genau entsprechen, ziehe ich auch entsprechenden Erfolg an, ohne in Leistungs- oder Konkurrenzdruck zu geraten. Dadurch, daß ich die Verantwortung für meinen Weg übernommen habe, kann ich die Gesetze des Lebens zum Ausdruck bringen und bin nicht mehr im Klammergriff starrer Normen.

Last but not least: Todesstrafe

Die aufgeführten Umsetzungsformen geben eine *allgemeine* Richtung an; die *spezielle* Realisationsform kann dann aufgrund der Kenntnis dieser allgemeinen Richtung im Einzelfall wiedererkannt werden.

Aufspürung

Mars	Sonne
– Tatendrang, Antriebskraft – Durchsetzung, Selbst- behauptung – spontanes Begehren, Trieb – suchende Unruhe (Drang) – schroffes Eingreifen (Mut → Wut) – Draufgängertum, Eroberungslust	– zentraler Lebensantrieb / Kernanliegen – Schöpfungsimpuls / Sexualität – Selbstverwirklichung / Handlungsfähigkeit – Ego

Bilden Mars und Sonne einen Aspekt, so können sie folgendermaßen erlebt werden.

Projektion (Mars): Ich verwirkliche »mich« in einem Kriegs-
unternehmen. Ich handle, um meinem Vater etc. meine Unabhängigkeit zu beweisen und stoße dabei auf Aggression, weil
ich letztlich nicht an mein innerstes Kernanliegen rückgebun-
den bin.

Projektion (Sonne): Ich setze meine Antriebskraft für die
Projekte und Unternehmungen anderer ein. Ich kann mich nur
für andere durchsetzen. Ich kämpfe gegen die Privilegiertheit
meines Partners (ursprünglich meines Vaters), um Eigenständigkeit zu erringen.

Somatisierung: Tendenz zu Verletzungen (Ungeduld!),
Herzentzündung, Bluthochdruck (Hypertonie)

Todesart /-ursache: Opfer im Krieg, in Schlachten, im
Duell ...

»Psychotisierung«: zuviel Hitze, Jähzorn

Skriptbotschaft: Laß dich nicht unterkriegen!

Planeten- bzw. Kräftekombinationen

Schicksal (–):   Meine Initiative ist gespalten. Entweder verausgabe ich zuviel Energie in Einzelaktionen, ohne das zentral Wichtige zu berücksichtigen, oder ich habe mein Hauptanliegen zwar fest im Blick, ohne über geeignete Durchsetzungsstrategien zu verfügen.

Integration (= Schicksal +):   Ich habe Antriebskraft und Mut für die kreative Verwirklichung meiner Unternehmungen. Ich kann mich auf direkte Art behaupten, ohne andere zu brüskieren.

Last but not least: selbständiger Metzgermeister

Die aufgeführten Umsetzungsformen geben eine *allgemeine* Richtung an; die *spezielle* Realisationsform kann dann aufgrund der Kenntnis dieser allgemeinen Richtung im Einzelfall wiedererkannt werden.

Aufspürung

Mars	Mond
– Tatendrang, Antriebskraft	– kindhafte Unbefangenheit
– Durchsetzung, Selbst- behauptung	– Identitätsgefühl – Gefühle / Wünsche /
– spontanes Begehren, Trieb	Träume / Bedürfnisse
– suchende Unruhe (Drang)	
– schroffes Eingreifen (Mut → Wut)	
– Draufgängertum, Eroberungslust	

Bilden Mars und Mond einen Aspekt, so können sie folgendermaßen erlebt werden:

Projektion (Mars): Ich versuche, mich über extremes Bemuttern zu behaupten und stoße auf Widerstand. Vielleicht habe ich selbst eine dominante und tatkräftige Mutter, die meinen seelischen Bedürfnissen keinen Raum läßt. → Später lasse ich mir selbst diesen Raum nicht und ziehe Menschen und Umstände an, die meine Geborgenheit und Seelenruhe angreifen.

Projektion (Mond): Ich lebe meine Marskraft (s. o.) ohne Rücksicht auf Gefühle. → Ich provoziere Gefühlsausbrüche in meinem Umfeld → wodurch ich vielleicht an meine eigenen Gefühle (und seien es nur Negativgefühle) herankomme. Ich habe Schwierigkeiten mit Frauen.

Somatisierung: Gastritis, schmerzhafte, starke Periode, Eierstockentzündung, Gebärmutterentzündung (Endometritis), Hirnhautentzündung (Meningitis), Lymphknotenschwellung (Lymphadenitis), Milchschorf (Neurodermitis), Rippenfellentzündung (Pleuritis)

Todesart/-ursache: seelische Verwundungen

Planeten- bzw. Kräftekombinationen

»Psychotisierung«:   Launenhaftigkeit

Skriptbotschaft: Ein Indianer kennt keinen Schmerz!

Schicksal (–):   Meine Emotionen sind angeheizt, und es besteht eine Diskrepanz zwischen Gefühlen und Handlungen → Ärger und Streit mit Mutter, Vermietern, Mitbewohnern etc. Aggressives, unliebsames Eindringen in meinen Privatbereich.

Integration (= Schicksal +): Was ich innerlich als richtig empfinde, setze ich durch → d.h. ich handle nur, wenn ich mich mit der Aktion auch identifizieren kann. Ich bringe mein inneres Anliegen selbst zum Ausdruck und verstecke mich nicht hinter irgendwelchen Vorreitern. Ich habe Mut zu mir selbst. Gute Aktionen mit Frauen.

Last but not least: Nachbar verstreicht ätzende Farbe, macht Krach oder Feuer.

Die aufgeführten Umsetzungsformen geben eine *allgemeine* Richtung an; die *spezielle* Realisationsform kann dann aufgrund der Kenntnis dieser allgemeinen Richtung im Einzelfall wiedererkannt werden.

Aufspürung

Mars	Merkur

– Tatendrang, Antriebskraft
– Durchsetzung, Selbst-
behauptung
– spontanes Begehren, Trieb
– suchende Unruhe (Drang)
– schroffes Eingreifen
(Mut → Wut)
– Draufgängertum,
Eroberungslust
	– geistige Wachsamkeit:
	  ● Verstand
	  ● Vernunft
	– Informationsaufnahme
	und -weitergabe
	(Kommunikations- und
	Ausdrucksfähigkeit)
	– geistige und seelische
	Reinigung

Bilden Mars und Merkur einen Aspekt, so können sie folgendermaßen erlebt werden:

Projektion (Mars): Kritik kann mir zum Selbstzweck werden und dann aufbauende Tatkraft unterbinden → mein Umfeld wird ärgerlich und reagiert aggressiv auf meine kritische Schärfe. Hier sehe ich dann am andern meine eigene Energie, die ich in sarkastisch spitze Kritik umgestülpt habe, anstatt sie für konstruktives Tun zu nutzen.

Projektion (Merkur): Ich handle voreilig und ohne ausreichende Reflektion oder sogar wider alle Vernunft, was mir natürlich die Kritik von anderen einträgt. Ich reize sie durch mein impulsives Handeln u. U. auch, ihre Gefühle zu zeigen, womit mir meine eigene Besonnenheit und Psychohygiene nur am andern sichtbar wird.

Somatisierung: Bauchspeicheldrüsenerkrankung (Pankreatitis), Bindehautentzündung, Bronchitis, Dünndarmentzündung (Enteritis), Durchfall (Diarrhoe), Husten, Lungenentzündung (Pneumonie)

Todesart/-ursache: vor lauter Skrupeln und Bedenken nicht zum Leben kommen

»Psychotisierung«: schizoide Tendenzen

Skriptbotschaft: Du hast zwei linke Hände!

Schicksal (–): Denken und Tun behindern sich z. B. durch wiederholtes Probehandeln im Kopf, das mir die Energie für die eigentliche Tat raubt oder auch so, daß ich vor lauter Abwägen und Skrupeln gar nicht aktiv werden kann und dann dieses gedankliche Hin und Her mittels Kurzschlußhandlungen überspringe. Oder ich mache mir Feinde mit meiner Streitsucht und spitzen Zunge.

Integration (= Schicksal +): Ich kann Situationen wendig meistern, weil mein Verstand die nötige Information und die nötige Beurteilung liefert: »durchdachte Entschlußkraft in Wort und Tat« wie Thomas Ring es nennt. Ich behaupte mich mit meiner Sprache und kann gleichzeitig mit meinem Intellekt Bahnen für meine Tatkraft zeichnen. Großes technisches Geschick.

Last but not least: Flüstertüte

Die aufgeführten Umsetzungsformen geben eine *allgemeine* Richtung an; die *spezielle* Realisationsform kann dann aufgrund der Kenntnis dieser allgemeinen Richtung im Einzelfall wiedererkannt werden.

Aufspürung

Mars	Venus
– Tatendrang, Antriebskraft – Durchsetzung, Selbst- behauptung – spontanes Begehren, Trieb – suchende Unruhe (Drang) – schroffes Eingreifen (Mut → Wut) – Draufgängertum, Eroberungslust	– sinnliches Aufgehen im Augenblick (Genuß, Erotik, Lust, Kunst) – äußerer und innerer Ausgleich (Schönheit / Harmonie)

Bilden Mars und Venus einen Aspekt, so können sie folgendermaßen erlebt werden:

Projektion (Mars): Lebe ich nur den Venuspol, dann ist mein
sinnliches Trachten ganz auf Ruhe, Harmonie, Verschmelzen,
auf das Verweilen im schönen Augenblick aus, womit mein
Partner auf Dauer überfordert ist und mir mit Widerstand und
Aggression begegnet. → U.U. Steigerung des sinnlichen Be-
gehrens.

Projektion (Venus): Ich fühle mich durch das genießerische
und leistungsorientierte Verhalten des andern gelangweilt =
provoziert zu Aktion, zum Angriff. Ich will seinen harmonischen Schwebezustand, seine lustvolle Trägheit zerstören bzw.
beleben, indem ich ihn, seine Genußobjekte, seine ästhetischen
Schwelgereien etc. angreife.

Somatisierung: Venenentzündung (Phlebitis), Nierenent-
zündung (Nephritis), Nierenbeckenentzündung (Pyelitis),
Milchschorf (Neurodermitis), Mandelentzündung, Kehlkopf-
entzündung (Laryngitis), Halsentzündung, Blasenentzündung

Todesart/-ursache: Duell in einem Eifersuchtsdrama

Planeten- bzw. Kräftekombinationen

»Psychotisierung«:   Sich zerfleischen in Haßliebe

Skriptbotschaft: Ich schlage dich aus Liebe.

Schicksal (–):   Schwierigkeiten in Partnerschaften, wenn entweder mein Bedürfnis nach Hingabe oder mein Bedürfnis nach Selbstbehauptung in Konflikt (in mir und außerhalb meiner selbst) geraten. Verletzung meines Eigenraums und Angriffe auf meinen Besitz und meinen Selbstwert sind möglich.

Integration (= Schicksal +):   Mittels Abgrenzung und finanzieller Unabhängigkeit habe ich soviel Eigenständigkeit und Basis für eigenen Genuß und Lebensstil, daß mich Partner diesbezüglich nicht mehr provozieren. Ich habe Mut, auf andere zuzugehen, ohne meine Liebesgefühle hinter Aggression verstecken zu müssen; entsprechend ist auch mein Mut, die Gunstbezeugungen anderer zuzulassen. Oder auch kreativer Selbstausdruck.

Last but not least: Liebestöter

Die aufgeführten Umsetzungsformen geben eine *allgemeine* Richtung an; die *spezielle* Realisationsform kann dann aufgrund der Kenntnis dieser allgemeinen Richtung im Einzelfall wiedererkannt werden.

Aufspürung

Mars	Jupiter
– Tatendrang, Antriebskraft	– Fülle
– Durchsetzung, Selbst- behauptung	– Wachstumsimpuls (vertikal / horizontal)
– spontanes Begehren, Trieb	– Weisheit / Begeisterung
– suchende Unruhe (Drang)	– verpflichtungsloser
– schroffes Eingreifen (Mut → Wut)	Optimismus
– Draufgängertum, Eroberungslust	

Bilden Mars und Jupiter einen Aspekt, so können sie folgendermaßen erlebt werden:

Projektion (Mars): Meine groß angelegten Projekte und meine Weltanschauung sind Angriffen von außen ausgesetzt. Ich werde in meinen Expansionsbestrebungen überrundet, weil es mir an Durchsetzung gebricht.

Projektion (Jupiter): Ich verausgabe meine Energie in einem Wohltätigkeitsverein: Mission, Kirche, Ausländerbetreuung und fördere dadurch das Wachstum anderer (und ggf. auch mein eigenes). Ich behaupte mich über Reisen, Religion, Bildung.

Somatisierung: Hüft- und Oberschenkelprobleme, Fettstoffwechselstörung »Galle läuft über«, Galle- und Leberleiden

Todesart / -ursache: Tod im heiligen Krieg (sacred run)

»Psychotisierung«: Fanatismus (zwanghaft)

Skriptbotschaft: Sei tollkühn und unbesonnen! Setz alles auf eine Karte!

Planeten- bzw. Kräftekombinationen

Schicksal (–):   Liegt der Akzent mehr auf der Marskraft, so kann ich in ein overdrive-Dilemma geraten und meine Projekte scheitern infolge mangelnder Besonnenheit oder ich riskiere tollkühn mein Glück, z.B. auch, indem ich verschwenderisch bin. Verausgabung in jeder Form ohne Rückbindung an das Sinnvolle. → Gefahr, in Rechtsstreitigkeiten zu geraten. Der Einsatz für das Optimum hat sich von der inneren Bedürfnislage abgekoppelt → Expansion, bis das Gefühl der Sinnlosigkeit über einen hereinbricht.

Integration (= Schicksal +):   Mit Begeisterung setze ich meine Energie für inneres und äußeres Wachstum ein. Ich setze große Pläne schnell in die Tat um, und da meine Unternehmen von der Sinnfrage getragen sind, führen sie zu Erfolg und Glück, so daß ich mich an der Begeisterung nochmals begeistern kann, wodurch enorme Energien freigesetzt werden.

Last but not least: Motorjacht in St. Tropez

Die aufgeführten Umsetzungsformen geben eine *allgemeine* Richtung an; die *spezielle* Realisationsform kann dann aufgrund der Kenntnis dieser allgemeinen Richtung im Einzelfall wiedererkannt werden.

Aufspürung

Mars	Neptun
– Tatendrang, Antriebskraft – Durchsetzung, Selbst- behauptung – spontanes Begehren, Trieb – suchende Unruhe (Drang) – schroffes Eingreifen (Mut → Wut) – Draufgängertum, Eroberungslust	– Bewußtseinserweiterung ● echte mystische Erfah- rung (Unio Mystica) ● Drogen ● reale (immanente) Grenzüberschreitung ● Wundergläubigkeit – Mitgefühl

Bilden Mars und Neptun einen Aspekt, so können sie folgendermaßen erlebt werden:

Projektion (Mars): Ich lebe in »kosmischen Räumen« oder einer Traumwelt und fühle mich deshalb nicht zu Taten motiviert → mein Umfeld wird aktiv und aggressiv.

Projektion (Neptun): Wille und Durchsetzung werden geschwächt → ich fühle mich kraftlos und bin ängstlich und unsicher, wenn ich mich behaupten soll. → Dadurch ist es meinem Umfeld erst recht erleichtert, mich zu bremsen. → Meine Konsequenz könnte sein, mich heimlich und hintenrum oder mit Schwäche durchzusetzen.

Somatisierung: Mangel an Magensaftsäure, Mängel bei der Blutbildung, allgemeine Kraftlosigkeit, Blutarmut (Anämie), Pilzinfekte, hormonelle Fehlsteuerung → Trägheit, Desinteresse, Müdigkeit, Impotenz, Zahnkaries

Todesart/-ursache: ungelebtes Leben

»Psychotisierung«: Abulie (Willenlosigkeit z. B. bei Gemütsleiden wie Melancholie), Aichmophobie (»Angst vor Spitzen«; die krankhafte Furcht, durch spitze Gegenstände verletzt zu werden)

Skriptbotschaft: Was willst du schon erreichen?!

Schicksal (–):   Aufgrund meiner Rauschempfänglichkeit neige ich zu unkontrollierten Handlungen, die mich noch haltloser machen.

Integration (= Schicksal +):   Nur wenn ich Neptun auf einer ungünstigen Frequenz lebe, kann er meinen Tatendrang und meine Willenskraft schwächen. Ich verwirkliche das Neptunische also gemäß meiner individuellen Stellung im Geburtshoroskop z. B. über künstlerischen Ausdruck, über Hilfsdienste oder über bewußtseinserweiternde Alternativen. So sind mir Leistungen an den Grenzen des Alltags möglich.

Last but not least: Seefahrer / Shiatsu

Die aufgeführten Umsetzungsformen geben eine *allgemeine* Richtung an; die *spezielle* Realisationsform kann dann aufgrund der Kenntnis dieser allgemeinen Richtung im Einzelfall wiedererkannt werden.

Aufspürung

Mars	Uranus
– Tatendrang, Antriebskraft	– Emanzipation in **jeder**
– Durchsetzung, Selbst-	Hinsicht (von Mann,
behauptung	Frau, Kirche, Gesellschaft,
– spontanes Begehren, Trieb	Eltern, Kindern, Vergan-
– suchende Unruhe (Drang)	genheit, Zukunft, Welt-
– schroffes Eingreifen	anschauung, von allen per-
(Mut → Wut)	sönlichen Sündenböcken)
– Draufgängertum,	– Individualität
Eroberungslust	– Geistesblitz
	– Ausbrüche → Befreiung

Bilden Mars und Uranus einen Aspekt, so können sie folgendermaßen erlebt werden:

Projektion (Mars): Ich lebe unangepaßte, revolutionäre Anteile – allerdings ohne das Gefühl, mich wirklich auf diese Art einbringen zu dürfen. Logischerweise kommt mir dieses eigene internalisierte Verbot in Form von Widerstand von außen entgegen. Dieser Widerstand provoziert meine auf Neues ausgerichteten Impulse u. U. derart, daß sie in Starrköpfigkeit umschlagen. Gewaltsamkeiten sind Manifestationen der nächsten Runde in diesem Teufelskreis.

Projektion (Uranus): Erlebe ich meinen Uranus in der Projektion, dann bedeutet das, daß meine Marsenergie, meine Durchsetzung nicht frei ist → andere behindern, irritieren, stören meine Aktionen, in genau dem Maße, in dem ich meine Befreiung und Individualität nicht zulasse.

Somatisierung: Überreizung, Nervenentzündung (Neuritis), Nervenschmerzen (Neuralgie), Schüttellähmung (Morbus Parkinson), halbseitiger Kopfschmerz, vorzeitiger Samenerguß

Planeten- bzw. Kräftekombinationen

Todesart/-ursache: Unfallneigung bei entsprechender An-
ziehung (Frequenz)

»Psychotisierung«:   cholerische Ausbrüche

Skriptbotschaft: Freiheit will erkämpft sein!

Schicksal (–):   Weil ich nicht den Mut zu freier Durchsetzung
habe, staut sich meine Energie und wird entweder somatisiert
oder entlädt sich in Kurzschlußhandlungen. Aber auch ohne
Energiestau kann die Sprengkraft dieser beiden Energieplane-
ten zu Blitzaktionen infolge schwereloser Überaktivität führen.

Integration (= Schicksal +):   Sind meine Selbstbehauptung
und Durchsetzung nicht blockiert, dann kann ich entscheidende Unternehmungen schlagartig und erfolgreich durchfüh-
ren. Ich schlage Breschen in unbetretenes Land und schaffe
Neues, wobei mein Tatendrang im richtigen Augenblick von
entsprechenden Eingebungen gelenkt wird.

Last but not least: Sportunfall

Die aufgeführten Umsetzungsformen geben eine *allgemeine*
Richtung an; die *spezielle* Realisationsform kann dann aufgrund der Kenntnis dieser allgemeinen Richtung im Einzelfall
wiedererkannt werden.

Aufspürung

Mars	**Pluto**
– Tatendrang, Antriebskraft – Durchsetzung, Selbst- behauptung – spontanes Begehren, Trieb – suchende Unruhe (Drang) – schroffes Eingreifen (Mut → Wut) – Draufgängertum, Eroberungslust	– Transformation • via Fremdbestimmung • via radikale Umsetzung des eigenen Weges – tiefsitzende Muster (Wiederholungszwang)

Bilden Mars und Pluto einen Aspekt, so können sie folgendermaßen erlebt werden:

Projektion (Mars): Zwanghaft halte ich an meinen Vorstellungen fest und werde mit Aggression aus meinem Umfeld konfrontiert. Ich entwickele Pläne zur Kriegsführung oder arbeite als Chirurg oder Metzger.

Projektion (Pluto): Ich versuche, mich auf aggressive und kämpferische Art durchzusetzen und stoße konsequenterweise auf Gegendruck. Oder ich habe einen Chef / Partner, über den ich mich ärgere, weil ich nach seinen Vorstellungen funktionieren muß, und meine eigene Initiative dabei unterdrückt wird.

Somatisierung: Krämpfe, Migräne, Fieberkämpfe, Multiple Sklerose, Entzündungen an den Geschlechtsorganen

Todesart /-ursache: autoaggressive Krankheiten, gewaltsamer Tod

»Psychotisierung«: Sadismus, zwanghaftes Triebleben

Skriptbotschaft: Männer müssen hart sein!

Planeten- bzw. Kräftekombinationen

Schicksal (–):   Auf allen Lebensgebieten bin ich mit Kampf, Macht, Aggression oder Manipulation konfrontiert, weil es mir nicht gelingt, *mich* »einfach so« durchzusetzen. Im Privatbereich sind Vergewaltigungen und andere Gewalttaten auf allen Ebenen denkbar. → Ungeheure Energieverschwendung.

Integration (= Schicksal +):   Ich habe einen klaren Plan und klare Vorstellungen, wie ich meine Energie einsetzen und mich behaupten möchte. → Ich kämpfe nicht und verschwende meine Energie nicht sinnlos. Da ich *aus mir heraus* vorwärts gehe, also *mit* dem Lebensstrom, stoße ich in der äußeren Welt nicht auf Widerstand. Diese Rückbindung an die Gesetze des Lebens oder diese »kosmische Rückbindung« erhöht grundsätzlich die eigene Energie und ist Voraussetzung dafür, daß man sich für das Allgemeinwohl wirklich einsetzen kann.

Last but not least: Schlagzeuger

Die aufgeführten Umsetzungsformen geben eine *allgemeine* Richtung an; die *spezielle* Realisationsform kann dann aufgrund der Kenntnis dieser allgemeinen Richtung im Einzelfall wiedererkannt werden.

113

Aufspürung

Pluto	Sonne

– Transformation
  ● via Fremdbestimmung
  ● via radikale Umsetzung
    des eigenen Weges
– tiefsitzende Muster
  (Wiederholungszwang)
	– zentraler Lebensantrieb /
	  Kernanliegen
	– Schöpfungsimpuls /
	  Sexualität
	– Selbstverwirklichung /
	  Handlungsfähigkeit
	– Ego

Bilden Pluto und Sonne einen Aspekt, so können sie folgendermaßen erlebt werden:

Projektion (Pluto): Mein Streben nach Selbstverwirklichung wird von den Machtansprüchen oder den Erwartungshaltungen meines Umfeldes durchkreuzt. Dominante Autoritätsfiguren unterdrücken meine Selbständigkeit. Trotz enormer Triebkraft fühle ich mich in mehrfacher Hinsicht impotent und ohnmächtig.

Projektion (Sonne): Aus Angst vor Kontrollverlust setze ich alle Mittel ein, um Überblick und Macht zu behalten. Dadurch werde ich letztlich handlungsunfähig, was mein Selbstbewußtsein stark beeinträchtigt und den Machtwunsch noch erhöht – ein Teufelskreis, aus dem ich nur entkommen kann, wenn ich nicht mehr ein fremdes, sondern mein eigenes Selbst verwirkliche.

Somatisierung: Probleme mit dem Blutdruck, Herzkrämpfe

Todesart /-ursache: Managertod

»Psychotisierung«: Größenwahn

Skriptbotschaft: Dein Vater / x ist der Größte!

Planeten- bzw. Kräftekombinationen

Schicksal (–): Ich verausgabe mich im Management und verliere dadurch den Bezug zu meiner Lebensaufgabe. Ich powere um des Powerns willen und stehe dabei unter Hochdruck und Spannung. Im Berufs- und Privatleben geht's mir um Kontrolle und Überblick → ich verliere meine Freunde und strampel mich ab in einer nur äußerlich glänzenden Schablonenexistenz.

Integration (= Schicksal +): Durch den Verzicht auf Macht finde ich den Zugang zu meiner inneren Lebendigkeit, und bin in der Lage, mich über meinen eigenen Weg zu verwirklichen. Weil ich meine eigene Lebendigkeit nicht mehr unterdrücke, brauche ich auch andere nicht mehr unter Druck zu setzen oder zu erpressen. Systematischer Einsatz meiner Lebenskraft.

Last but not least: Manager im Nightclub

Die aufgeführten Umsetzungsformen geben eine *allgemeine* Richtung an; die *spezielle* Realisationsform kann dann aufgrund der Kenntnis dieser allgemeinen Richtung im Einzelfall wiedererkannt werden.

Aufspürung

Pluto	**Mond**

– Transformation
 • via Fremdbestimmung
 • via radikale Umsetzung
  des eigenen Weges
– tiefsitzende Muster
(Wiederholungszwang)
	– kindhafte Unbefangenheit
	– Identitätsgefühl
	– Gefühle / Wünsche /
	  Träume / Bedürfnisse

Bilden Pluto und Mond einen Aspekt, so können sie folgendermaßen erlebt werden:

Projektion (Pluto): Ich lebe den Mondpol, indem ich mich versorgerisch aufopfere und dann mit Entsetzen feststellen muß, daß ich weder als overprotective mother noch als aufopferungsvolle Leidensmiene gefragt bin. → Machtkämpfe, weil ich Belohnung für Opfer will, während die andern gar nicht erst das Opfer wollten etc.

Projektion (Mond): Ich übe in Familie und Beziehungen Macht aus und verliere dadurch den Kontakt zu meinen eigenen Bedürfnissen. Oder ich fühle mich von meiner Gefühlsnatur abgespalten, weil ich ausschließlich den Erwartungsdruck meines Umfelds beantworte – sei er nun real oder eingebildet.

Somatisierung: Prostatitis, Magenprobleme, Vaginalspasmen, Unterleib

Todesart / -ursache: Fremdbestimmung und Unterdrückung der eigenen Identität

»Psychotisierung«: Disposition zur Zwangsneurose (anankastische Persönlichkeit)

Skriptbotschaft: Sei eine »gute« Mutter / Frau! Funktioniere (im Haushalt)!

Planeten- bzw. Kräftekombinationen

Schicksal (–):   Ich funktioniere z. B. als Mutter oder als Frau oder als Versorger nach einem fremden Programm → Ich lebe nicht, ich spule nur ein Programm ab; bin nicht ich, kann so weder innen noch außen Geborgenheit finden. Ich weiß gar nicht, wer ich bin.

Integration (= Schicksal +):   »Weiblichkeit transformieren« bedeutet zunächst den Ausstieg aus der erdrückenden (Pluto) Frauenrolle. Sodann heißt es, Wege finden und Programme entwickeln, die es mir erlauben, trotz der immer noch tief verwurzelten patriarchalen Strukturen, ein selbstbestimmtes und befriedigendes Leben zu führen. Ich gehe also meinen Weg in dem Bemühen, ständig den Kontakt zu meinem innersten Identitätsgefühl zu halten. Will man Emanzenkampf einerseits und Fremdbestimmung andererseits wirklich vermeiden, dann ist das ein Pionierweg.

Last but not least: Hypnose

Die aufgeführten Umsetzungsformen geben eine *allgemeine* Richtung an; die *spezielle* Realisationsform kann dann aufgrund der Kenntnis dieser allgemeinen Richtung im Einzelfall wiedererkannt werden.

117

Aufspürung

Pluto	**Merkur**

– Transformation
  • via Fremdbestimmung
  • via radikale Umsetzung
  des eigenen Weges
– tiefsitzende Muster
  (Wiederholungszwang)
	– geistige Wachsamkeit:
	  • Verstand
	  • Vernunft
	– Informationsaufnahme
	  und -weitergabe
	  (Kommunikations- und
	  Ausdrucksfähigkeit)
	– geistige und seelische
	  Reinigung

Bilden Pluto und Merkur einen Aspekt, so können sie folgendermaßen erlebt werden:

Projektion (Pluto): In Kommunikation und Arbeit bin ich mit Macht konfrontiert. Vielleicht war ich als Kind schon Lernzwängen unterworfen oder durfte nur in ganz bestimmten Situationen sprechen und nur bestimmte Meinungen vertreten.

Projektion (Merkur): Ich kontrolliere das Sprechverhalten anderer und übe dadurch bewußt oder unbewußt soviel Zwang aus, daß ich mich selbst einer befriedigenden Kommunikation mit diesen Menschen beraube. Ich entwerfe Programme für Rhetorik- und Kommunikationskurse.

Somatisierung: spastische Bronchitis, Asthma bronchiale, Lähmungen mit spastischer Genese, Darmkrämpfe

Todesart/-ursache: Ersticken am nicht Gesagten

»Psychotisierung«: zwanghaftes Sprechen, Anpassungszwänge

Skriptbotschaft: Das sagt man nicht!

Planeten- bzw. Kräftekombinationen

Schicksal (–): Da meine Kommunikationsfähigkeit unterdrückt ist, kann ich auch meine Gefühle nicht in Worte fassen, was zu seelischer Verunreinigung führt.

Integration (= Schicksal +): Ich lerne nur noch, was mich innerlich anspricht und finde neue, mir gemäße Wege, mir Wissen anzueignen. Ich drücke *mich* aus: in Worten und Gesten, so wie es *mir* entspricht.

Last but not least: Lehrplan

Die aufgeführten Umsetzungsformen geben eine *allgemeine* Richtung an; die *spezielle* Realisationsform kann dann aufgrund der Kenntnis dieser allgemeinen Richtung im Einzelfall wiedererkannt werden.

Aufspürung

Pluto	Venus
– Transformation ● via Fremdbestimmung ● via radikale Umsetzung des eigenen Weges – tiefsitzende Muster (Wiederholungszwang)	– sinnliches Aufgehen im Augenblick (Genuß, Erotik, Lust, Kunst) – äußerer und innerer Ausgleich (Schönheit / Harmonie)

Bilden Pluto und Venus einen Aspekt, so können sie folgendermaßen erlebt werden:

Projektion (Pluto): Ich gerate in Beziehungen an dominante Partner / innen, die mir ihren Lebensstil und ihre Vorstellungen aufdrücken. → ich fühle *mich* nicht respektiert und minderwertig. Ich werde in meinem Lebensstil durch Ideologien fremdbestimmt → kein sinnlich-erotischer Fluß.

Projektion (Venus): Ich bin so von der Schönheit anderer oder deren Lebensstil fasziniert, daß ich bereit bin alles zu tun, sie zu besitzen: also entweder, indem ich in die ohnmächtige, mich verleugnende Opferrolle gehe oder indem ich Macht- und Druckmittel einsetze. In beiden Fällen sind wahrer Austausch und erfüllende Erotik nicht möglich. Nur äußere Schönheit und äußere sexuelle Befriedigung sind begrenzt käuflich.

Somatisierung: Blasenspasmen, Nierenkolik, Infektanfälligkeit, eitrige Mandelentzündung

Todesart / -ursache: Liebeskummer, Liebesopfer, Opferliebe

»Psychotisierung«: Masochismus / Sadismus / Algolagnie (= Schmerzwollust)

Skriptbotschaft: Du taugst nichts – sieh mal dein Bruder / deine Schwester / x!

Planeten- bzw. Kräftekombinationen

Schicksal (–): Ich verklammere mich in symbiotische Beziehungen, leide unter Manipulation und Machtkämpfen. Bin unfähig, mich zu lösen, scheine nur über den Partner / Partnerin leben zu können → extreme Eifersucht, Liebeskummer, Opferrolle in leidenschaftlicher Liebe. Als Manipulator / in bleibe ich frustriert, weil ich letztlich nicht bekomme, was ich ersehne → noch tiefere Verstrickung in Manipulation, Rache, Verrat, Zerstörung, Vergewaltigung etc.

Integration (= Schicksal +): Ich gehe in Erotik und Sinnlichkeit meinen eigenen Weg und bin dadurch gefeit gegen Erpressungen und Manipulation. Meine Leidenschaft wird nicht durch Machtspiele entfacht, sondern entfaltet sich, weil ich die tiefen Kräfte der »Liebesmagie« für mich entdeckt und entfaltet habe. → transformierende sexuelle Erfahrungen, Luststeigerung, innere und äußere Harmonie, guter Selbstwert.

Last but not least: Sexshop

Die aufgeführten Umsetzungsformen geben eine *allgemeine* Richtung an; die *spezielle* Realisationsform kann dann aufgrund der Kenntnis dieser allgemeinen Richtung im Einzelfall wiedererkannt werden.

Aufspürung

Pluto	**Jupiter**

– Transformation
  • via Fremdbestimmung
  • via radikale Umsetzung
    des eigenen Weges
– tiefsitzende Muster
  (Wiederholungszwang)
	– Fülle
	– Wachstumsimpuls
	  (vertikal / horizontal)
	– Weisheit / Begeisterung
	– verpflichtungsloser
	  Optimismus

Bilden Pluto und Jupiter einen Aspekt, so können sie folgendermaßen erlebt werden:

Projektion (Pluto): Ich werde in meinen Expansions- und Entwicklungsbestrebungen durch die Meinungen und Erwartungen anderer fremdbestimmt. Mein geistiger Werdegang richtet sich nicht nach meinen eigenen Vorstellungen. (auch Sektenzugehörigkeit)

Projektion (Jupiter): Ich stoße auf Menschen und Umstände, die mich in meinen Projekten fördern, und durch die ich meine Meinung erweitern kann. Ich kann an dem Wohlstand und der Bildung anderer teilhaben – die mein eigenes Wachstum entscheidende Frage ist, ob ich mich durch diese günstigen Umstände *selbst* entwickele oder Trittbrettfahrer bleibe.

Somatisierung: Leberschäden, Hüftgelenkentzündung, chronische Lumbalgie

Todesart /-ursache: z. B. infolge geistiger Manipulation: Sterben für den Heiland

»Psychotisierung«: Anoenomanie (= krankhafte Heiterkeit als Dauerstimmung)

Skriptbotschaft: Hör auf den Pfarrer!

Planeten- bzw. Kräftekombinationen

Schicksal (–): Mit der Kombination von Jupiter und Pluto ist ein enormes Energiepotential gegeben, welches sich gegen mich wendet, wenn ich kein entsprechendes Aktionsfeld habe, oder wenn ich es nur für eigene Zwecke nutze, ohne das Wohl des Kollektivs zu berücksichtigen. In dem Fall bin ich als Chef/in unbeliebt oder gerate selbst an unangenehme Vorgesetzte.

Integration (= Schicksal +): Ich bilde mich und folge meiner auf Sinn drängenden Stimme, wodurch alte Muster transformiert werden. Meine Konzepte und Vorstellungen werden erweitert, mein weltanschaulicher Werdegang ist an eigenen Meinungen orientiert. Ich verwirkliche mich erfolgreich in groß angelegten Projekten.

Last but not least: Schätze in Grabkammern

Die aufgeführten Umsetzungsformen geben eine *allgemeine* Richtung an; die *spezielle* Realisationsform kann dann aufgrund der Kenntnis dieser allgemeinen Richtung im Einzelfall wiedererkannt werden.

Aufspürung

Planeten- bzw. Kräftekombinationen

Pluto	**Neptun**
– Transformation	– Bewußtseinserweiterung
• via Fremdbestimmung	• echte mystische Erfah-
• via radikale Umsetzung	rung (Unio Mystica)
des eigenen Weges	• Drogen
– tiefsitzende Muster	• reale (immanente)
(Wiederholungszwang)	Grenzüberschreitung
	• Wundergläubigkeit
	– Mitgefühl

Bilden Pluto und Neptun einen Aspekt, so können sie folgendermaßen erlebt werden:
* ab Mitte der 40er Jahre für ca. 100 Jahre

Ein für die Menschheitsentwicklung wichtiger Aspekt, der je nachdem wie er von allen einzelnen gelebt wird unterschiedliche, übergreifende Prozesse in Gang setzen kann. Im günstigsten Fall kommt es zur Auflösung zerstörerischer Muster, und es werden neue Wege zu mehr Menschlichkeit eingeschlagen. Durch die kosmische Dimension dieser Planeten ist auch eine neue Einstellung zum Tod denkbar, und zwar so, daß die Angst vor dem Tod und dem Verfall einer wirklich erlebbaren Sehnsucht nach einer neuen Lebensform Platz macht. Der Schleier des Todes lüftet sich, Lebensräume jenseits der bisher gefürchteten Grenze werden vielleicht sichtbar und bewirken eine grundsätzlich neue Einstellung zu unserer irdischen Existenz.

Last but not least: Erfahrungen klinisch Toter

Die aufgeführten Umsetzungsformen geben eine *allgemeine* Richtung an; die *spezielle* Realisationsform kann dann aufgrund der Kenntnis dieser allgemeinen Richtung im Einzelfall wiedererkannt werden.

125

Aufspürung

Pluto	**Uranus**
– Transformation • via Fremdbestimmung • via radikale Umsetzung des eigenen Weges – tiefsitzende Muster (Wiederholungszwang)	– Emanzipation in **jeder** Hinsicht (von Mann, Frau, Kirche, Gesellschaft, Eltern, Kindern, Vergangenheit, Zukunft, Weltanschauung, von allen persönlichen Sündenböcken) – Individualität – Geistesblitz – Ausbrüche → Befreiung

Bilden Pluto und Uranus einen Aspekt, so können sie folgendermaßen erlebt werden:
(Generationsaspekt)

Projektion (Pluto): Wenn ich konzeptionslos bin, scheitern Befreiungsaktionen und Individuationsprozesse an Wiederholungszwängen und dem unausweichlichen Erwartungsdruck anderer. Unter Zeitdruck stehen.

Projektion (Uranus): Ich entwerfe Pläne für Befreiung/ Revolution / Demonstrationen. Ich leide unter den Emanzipationsbestrebungen anderer und versuche, sie zu unterdrükken.

Somatisierung: Wadenkrämpfe, Querschnittslähmung

Todesart/-ursache: Massenschicksal

»Psychotisierung«: Zwanghafte »Befreiungsaktionen«, die eher schmerzhafte Trennungen als wirkliche Befreiungen sind.

Skriptbotschaft: Sei unfrei!

Schicksal (–): Ich lasse mir von anderen »Befreiungswege« vorschreiben und werde Opfer von Macht und Manipulation (z. B. Hitler und Mussolini). »Freiheit« im Tod suchen.

Integration (= Schicksal +): Ich finde und gehe einen eigenen Weg, um mich zu befreien und meine Individualität zu entwickeln. Ich bin bereit, radikal mit der Vergangenheit abzubrechen, wenn dadurch mein evolutionäres Wachstum beschleunigt wird.

Last but not least: Schlangennummer im Zirkus

Die aufgeführten Umsetzungsformen geben eine *allgemeine* Richtung an; die *spezielle* Realisationsform kann dann aufgrund der Kenntnis dieser allgemeinen Richtung im Einzelfall wiedererkannt werden.

Aufspürung

Uranus	Sonne
– Emanzipation in **jeder** Hinsicht (von Mann, Frau, Kirche, Gesellschaft, Eltern, Kindern, Vergangenheit, Zukunft, Weltanschauung, von allen persönlichen Sündenböcken) – Individualität – Geistesblitz – Ausbrüche → Befreiung	– zentraler Lebensantrieb / Kernanliegen – Schöpfungsimpuls / Sexualität – Selbstverwirklichung / Handlungsfähigkeit – Ego

Bilden Uranus und Sonne einen Aspekt, so können sie folgendermaßen erlebt werden:

Projektion (Uranus): Ich setze meine Kraft ein, um mich z.B. in einem Freizeitunternehmen abzustressen oder die Befreiung von anderen zu fördern, ohne mich selbst jedoch frei zu fühlen. Ich werde Opfer von Trennungsprozessen. Mein Umfeld befreit und emanzipiert sich auf meine Kosten. Ich projiziere meine Freiheitswünsche auf alles, was mit Fliegen, Umwälzung etc. verbunden ist.

Projektion (Sonne): Vor lauter Sprunghaftigkeit, speed und Hektik bin ich unfähig, meine Aktionen zu organisieren. In cooler Unrast lasse ich mich innerlich von nichts ansprechen. Das trotzige Aufbegehren gegen jede Form von Autorität wird mir derart zur Manie, daß sich meine eigentliche Individualität nicht entfalten kann (»Gewohnheitsrebell«). Sondernummern abziehen, ohne vom Kern her besonders zu sein. Ironie und Sarkasmus vereiteln Herzensverbindungen.

Somatisierung: Herz-, Kreislaufbeschwerden, unrhythmisches Herz bis zu Herzrhythmusstörungen

Planeten- bzw. Kräftekombinationen

Todesart/-ursache: »gebrochenes Herz«, Managerkrankheiten, Autounfälle

»Psychotisierung«: innere Unruhe, Fahrigkeit, Neophilie, erregbare Persönlichkeit, nervöse Angst, Profilierungswahn

Skriptbotschaft: Beeil dich!

Schicksal (–): Anstatt mich innerlich zu befreien, breche ich im äußeren Leben alles ab oder gerate in solche Abbrüche anderer hinein. Durch überstürztes Tempo schneide ich mich ab vom eigentlichen Puls des Lebens. Ich schädige mich selbst durch übereilte Entschlüsse. Ich leide unter meiner Außenseiterposition, die ich durch Querulantentum aus Prinzip anstatt aus Individualität selbst hervorrufe.

Integration (= Schicksal +): Ich verwirkliche mich in einem ungewöhnlichen Unternehmen oder über ungewöhnliche Unternehmungen. Meine Lebenskraft entfaltet sich frei – in meinen Handlungen bin ich ungebunden. Ich habe ein gutes Gespür für Trends, für alles, was der Zeit ein wenig voraus ist; dabei originelle Umsetzung, die meinem Tempo genau entspricht. Ich kann verbindlich werden und mein Herz sprechen lassen, ohne dabei meine Freiheit aufzugeben. Ich verstehe mich auf die Lebenskunst des wahren Clowns.

Last but not least: Vergnügungspark

Die aufgeführten Umsetzungsformen geben eine *allgemeine* Richtung an; die *spezielle* Realisationsform kann dann aufgrund der Kenntnis dieser allgemeinen Richtung im Einzelfall wiedererkannt werden.

Aufspürung

Uranus	Mond
– Emanzipation in **jeder** Hinsicht (von Mann, Frau, Kirche, Gesellschaft, Eltern, Kindern, Vergangenheit, Zukunft, Weltanschauung, von allen persönlichen Sündenböcken) – Individualität – Geistesblitz – Ausbrüche → Befreiung	– kindhafte Unbefangenheit – Identitätsgefühl – Gefühle / Wünsche / Träume / Bedürfnisse

Bilden Uranus und Mond einen Aspekt, so können sie folgendermaßen erlebt werden:

Projektion (Uranus): Ich halte an der althergebrachten Frauenrolle fest und gerate, als Mann, immer wieder an Frauen, die sich von mir trennen, oder, als Frau, leide ich an meiner Unfreiheit z. B. an der Mutterrolle. Überall stoße ich auf Irritationen und Störfaktoren, die meine »Geborgenheit« einschränken.

Projektion (Mond): Ich nehme die Antihaltung ein, um mich spüren zu können. Ich trenne mich oder flippe aus, um zu mir zu kommen. Ich bin ständig unterwegs und ohne Heimat. Ich gerate an »Softies«, will mich selbst aber nicht einlassen. Ich verachte Gefühle, halte sie für Gefühlsduselei.

Somatisierung: nervöser Magen, Zyklus- und Hormonstörungen, Nervosität

Todesart/-ursache: Gefühl seelischer Ungeborgenheit und tiefster Heimatlosigkeit führen dazu, daß unbewußt auf Lebensverneinung geschaltet wird.

»Psychotisierung«: Depression, Hysterie, Schizoidie

Skriptbotschaft: Sei normal! Sei verrückt! (nur nicht auf locker unangepaßte, eigensinnige Art du selbst)

Schicksal (–): Weil ich das für mich richtige Maß von Distanz und Nähe nicht finde, bin ich entweder immer wieder in Trennungen verwickelt oder fühle meine Freiheit oder Zärtlichkeit verraten. Meine Geborgenheit ist gestört z. B. kein richtiges Bett haben, ungünstige Wohnverhältnisse, ungemütliche und / oder mir nicht entsprechende Kleidung; auch Ernährungs-, Eßprobleme und Schwierigkeiten mit Mutter etc.

Integration (= Schicksal +): Ich bin äußerlich frei, weil ich innerlich frei bin. → Ich bin in jeder Hinsicht emanzipiert und kämpfe deshalb nicht mehr für Emanzipation. Ich bin als Frau befreit und verwirkliche mich; oder habe als Mann meine sensible Seite freigelegt und bin versorgungsmäßig nicht mehr von der Frau abhängig. Ich habe eine wirklich unabhängige Identität, was beinhaltet, daß ich auch Trennungen und Abschiede verarbeitet habe. Ich fühle mich durch meine Geistesblitze bereichert, lebe freudig am Rand der »Normalität«.

Last but not least: Wohngemeinschaft

Die aufgeführten Umsetzungsformen geben eine *allgemeine* Richtung an; die *spezielle* Realisationsform kann dann aufgrund der Kenntnis dieser allgemeinen Richtung im Einzelfall wiedererkannt werden.

Aufspürung

Uranus	Merkur
– Emanzipation in **jeder** Hinsicht (von Mann, Frau, Kirche, Gesellschaft, Eltern, Kindern, Vergangenheit, Zukunft, Weltanschauung, von allen persönlichen Sündenböcken) – Individualität – Geistesblitz – Ausbrüche → Befreiung	– geistige Wachsamkeit: • Verstand • Vernunft – Informationsaufnahme und -weitergabe (Kommunikations- und Ausdrucksfähigkeit) – geistige und seelische Reinigung

Bilden Uranus und Merkur einen Aspekt, so können sie folgendermaßen erlebt werden:

Projektion (Uranus): Menschen mit origineller und ungewöhnlicher Sprechweise irritieren oder inspirieren mich – je nach Frequenz meines Uranus. Auf ganz ungünstiger Frequenz werde ich in meinen Gesprächen unterbrochen oder leide an Konzentrationsstörungen. Vielleicht stoße ich auch auf Menschen, die sprunghaft in ihren Gedanken sind.

Projektion (Merkur): Ich lehne mich gegen meine Arbeit auf, gegen das alltägliche Gleichmaß. Erst wenn ich aufhöre, mich unterzuordnen, ist echte Befreiung möglich.

Somatisierung: motorische Unruhe, Nervosität, Bronchitis, Dünndarmentzündung, Durchfall (Diarrhoe), Hörsturz, Lungenentzündung, Multiple Sklerose, Querschnittslähmung, Tuberkulose, Verdauungsstörungen

Todesart/-ursache: Arbeits- oder Anpassungstod

»Psychotisierung«: Stotterer, Sprachfehler, Legastheniker, Agoraphobie (Angst über Plätze zu gehen), Epilepsie

Planeten- bzw. Kräftekombinationen

Skriptbotschaft: Keine Extrawürste!

Schicksal (–): Ich kann mich nicht artikulieren, meine Gefühle nicht zeigen und bin somit meinem Unbehagen in Einzelhaft ausgeliefert. → Ich halte aus und passe mich an, wo ein Ausbruch längst überfällig wäre.

Integration (= Schicksal +): Ich gestatte mir eine ungewöhnliche Ausdrucksweise. Aus dem Gefühl meiner Individualität heraus lasse ich meine Sprache fließen, die ich gleichsam bin – auch wenn sie für andere vielleicht merkwürdig ist. So kann ich mich über Sprache und Kommunikation befreien. »Ich spreche mich« ohne Tricks, Witze etc. Von Anpassungszwängen habe ich mich befreit.

Last but not least: Sensationsreporter

Die aufgeführten Umsetzungsformen geben eine *allgemeine* Richtung an; die *spezielle* Realisationsform kann dann aufgrund der Kenntnis dieser allgemeinen Richtung im Einzelfall wiedererkannt werden.

133

Aufspürung

Uranus	Venus
– Emanzipation in **jeder** Hinsicht (von Mann, Frau, Kirche, Gesellschaft, Eltern, Kindern, Vergangenheit, Zukunft, Weltanschauung, von allen persönlichen Sündenböcken) – Individualität – Geistesblitz – Ausbrüche → Befreiung	– sinnliches Aufgehen im Augenblick (Genuß, Erotik, Lust, Kunst) – äußerer und innerer Ausgleich (Schönheit / Harmonie)

Bilden Uranus und Venus einen Aspekt, so können sie folgendermaßen erlebt werden:

Projektion (Uranus): In meinen Partnerschaften gerate ich an Exzentriker und bin Trennungen und Sonderwegen in Erotik und Sinnlichkeit ausgesetzt. Ich versuche, mich über »besondere« Beziehungen aufzuwerten anstatt echten Selbstwert zu entwickeln z.B. über Abgrenzung und eigenwilligen, freien Umgang mit Finanzen.

Projektion (Venus): Ich bin z.B. so auf Verrücktheit um jeden Preis fixiert, daß ich mir dadurch den Zugang zu echtem Genuß, zu Sinnlichkeit und Schönheit verbaue. Oder ich springe von einer unverbindlichen Beziehung zur nächsten, so daß tiefe Begegnungen ebenfalls vereitelt werden.

Somatisierung: Gleichgewichtsstörungen

Todesart/-ursache: Trennungsschmerzen

»Psychotisierung«: Beziehungsunfähigkeit, Spaltungserscheinungen, Perversionen

Planeten- bzw. Kräftekombinationen

Skriptbotschaft: Sei arm! Laß dich nicht ein!

Schicksal (–): Meine Gefühlslage und Erotik unterwerfe ich der Norm, wodurch ich ihr nicht gerecht werde, was entweder immer wieder zu Abbrüchen in der Partnerschaft führt oder zu perversen Ausbrüchen → Beeinträchtigung meines Selbstwertgefühls. Da ich nicht zu meinem individuellen Geschmack vordringe, sind Fehlkäufe die Folge.

Integration (= Schicksal +): Ich lebe meine erotische Eigenart jenseits der Norm, so wie es mir entspricht. Die Folge ist Wohl- und Freifühlen innerhalb einer Beziehung. → Steigerung meines Selbstwertgefühls und Festigung meiner Individualität. Ich bin finanziell total unabhängig und habe genau das, was ich für meinen Lebensstil benötige. Es fühlt sich für mich gut an, ein Sondergänger in Kunst, Mode und Empfindungsweise zu sein.

Last but not least: nackt im Wind

Die aufgeführten Umsetzungsformen geben eine *allgemeine* Richtung an; die *spezielle* Realisationsform kann dann aufgrund der Kenntnis dieser allgemeinen Richtung im Einzelfall wiedererkannt werden.

Aufspürung

Uranus	Jupiter
– Emanzipation in **jeder** Hinsicht (von Mann, Frau, Kirche, Gesellschaft, Eltern, Kindern, Vergangenheit, Zukunft, Weltanschauung, von allen persönlichen Sündenböcken) – Individualität – Geistesblitz – Ausbrüche → Befreiung	– Fülle – Wachstumsimpuls (vertikal / horizontal) – Weisheit / Begeisterung – verpflichtungsloser Optimismus

Bilden Uranus und Jupiter einen Aspekt, so können sie folgendermaßen erlebt werden:

Projektion (Uranus): Ich fördere das Wachstum von Freizeit- und Befreiungsaktionen. Ich unternehme weite Reisen, um mich zu befreien. Mein Sinnstreben und Wachstum werden durch Störungen irritiert; z.B. kann mich die Querköpfigkeit anderer aus der Bahn werfen. Vielleicht werde ich Opfer zusammenbrechender Weltanschauungen.

Projektion (Jupiter): Ich führe Reformen in Bildungsanstalten durch, oder ich reformiere Weltanschauungen. Oder ich unterstütze die Wachstumsmöglichkeiten anderer, indem ich sie von eingefahrenen Beziehungsmustern befreie. Bin ich bei meinen Bemühungen von meinem eigenen Sinnstiftungsimpuls abgeschnitten, so sind höchstens »Eintagsfliegen« auf meinem Erfolgskonto zu verzeichnen.

Somatisierung: Hüftgelenkbeschwerden

Todesart/-ursache: Unfalltod bei Revolutionen

»Psychotisierung«: u. U. weltanschauliche Verbohrtheit

Planeten- bzw. Kräftekombinationen

Skriptbotschaft: Dem Freien gehört die Welt!

Schicksal (−): Diese beiden auf die Zukunft gerichteten und energiegeladenen Prinzipien können mich derart mitreißen, daß ich mich übereifrig an vorschnellen Projekten verausgabe. Anstatt reformerische Neuheiten zum Wohl der Allgemeinheit zu initiieren, werde ich dann selbst Opfer von scheiternden Aktionen.

Integration (= Schicksal +): Erfolg, Glück und Reife basieren darauf, daß meine Projekte von meiner Individualität getragen und nicht lediglich von umstürzlerischem Reformwillen vorwärtsgepeitscht werden. So wird die sinnstiftende Kraft (Jupiter) durch die uranische beschwingt und inspiriert während das querköpfige Umbruchselement (Uranus) durch sinnhafte Einbindung gemäßigt wird. Ich habe eine eigensinnige Weltanschauung.

Last but not least: Wanderpriester

Die aufgeführten Umsetzungsformen geben eine *allgemeine* Richtung an; die *spezielle* Realisationsform kann dann aufgrund der Kenntnis dieser allgemeinen Richtung im Einzelfall wiedererkannt werden.

Aufspürung

Uranus	Neptun

– Emanzipation in *jeder* Hinsicht (von Mann, Frau, Kirche, Gesellschaft, Eltern, Kindern, Vergangenheit, Zukunft, Weltanschauung, von allen persönlichen Sündenböcken)
– Individualität
– Geistesblitz
– Ausbrüche → Befreiung
	– Bewußtseinserweiterung
	  ● echte mystische Erfahrung (Unio Mystica)
	  ● Drogen
	  ● reale (immanente) Grenzüberschreitung
	  ● Wundergläubigkeit
	– Mitgefühl

Bilden Uranus und Neptun einen Aspekt, so können sie folgendermaßen erlebt werden: (Generationsaspekt)

Projektion (Uranus): Ich habe Angst vor Umbrüchen und Veränderung, die mir über gesellschaftliche Prozesse tatsächlich entgegenkommen können.

Projektion (Neptun): Ich beteilige mich an gesellschaftlichen Umbruchssituationen und erlebe die Auflösung althergebrachter Strukturen, was zu echter Bewußtseinserweiterung oder Chaos und Verwirrung führen kann.

Somatisierung: Nervenschwäche (Neurasthenie), Multiple Sklerose, Lähmungen

Todesart/-ursache: Abwehr des Neuen

»Psychotisierung«: Fallsucht (Epilepsie), Akrophobie (Höhenangst), Agoraphobie (neurotisch bedingte Furcht, freie Plätze oder Straßen allein zu überqueren)

Skriptbotschaft: Mißtraue allen Neuerungen!

Planeten- bzw. Kräftekombinationen

Schicksal (–):   Neue, die Bedürfnisse des einzelnen nicht berücksichtigende Ordnungen werden z. B. über Suggestion eingeführt und bilden die Voraussetzung für neue Aufstände und Chaos.

Integration (= Schicksal +):   Es setzt sich eine neue Ordnung durch, die der Menschheit dient, die Verbrüderung fördert. Die positiven Aspekte des Wassermannzeitalters nehmen Gestalt an: z. B. in Form einer ganzheitlichen, ökologischen Lebensweise: wie in der ganzheitlich orientierten Medizin und der transpersonalen Psychologie wahrnehmbar.

Last but not least: Gespenst

Die aufgeführten Umsetzungsformen geben eine *allgemeine* Richtung an; die *spezielle* Realisationsform kann dann aufgrund der Kenntnis dieser allgemeinen Richtung im Einzelfall wiedererkannt werden.

Aufspürung

Neptun	Sonne
– Bewußtseinserweiterung • echte mystische Erfah- rung (Unio Mystica) • Drogen • reale (immanente) Grenzüberschreitung • Wundergläubigkeit – Mitgefühl	– zentraler Lebensantrieb / Kernanliegen – Schöpfungsimpuls / Sexualität – Selbstverwirklichung / Handlungsfähigkeit – Ego

Bilden Neptun und Sonne einen Aspekt, so können sie folgendermaßen erlebt werden:

Projektion (Neptun): Ich werde in meinen Handlungen und Unternehmungen verunsichert. Ich versuche, mich in einem Illusionsgewerbe zu verwirklichen. Ich erschöpfe mich in meinen Aktionen aus Angst, etwas zu verpassen. Ich werde Opfer von Heimlichkeiten und Intrigen.

Projektion (Sonne): Ich lebe den neptunischen Anteil über ein Helfersyndrom und lasse mich dadurch in meiner Vitalität schwächen. Ich schlüpfe künstlich in alle möglichen Rollen und schneide mich dadurch ab von meiner eigentlichen Energie.

Somatisierung: Blutunterdruck, Kreislaufschwäche, Ohnmachtsneigung, Herzneurose (Angst ums Herz)

Todesart/-ursache: Versinken in irrealer »Bewußtseinserweiterung«

»Psychotisierung«: Hysterie / asthenische Persönlichkeit

Skriptbotschaft: Sei schwach! Sei hilflos! Sei unklar! Lüge!

Planeten- bzw. Kräftekombinationen

Schicksal (–):   Angst, Unsicherheit und Schwäche erfassen mich, weil ich die Realität in mir und außerhalb mir nicht klar annehme. Mein »Ausstieg« aus der Realität ist illusorisch: z.B. sind meine »Alternativen« nur Hirngespinste und lassen sich in der Realität nicht umsetzen; oder meine »Hilfsaktionen« belasten anstatt zu erlösen; oder ich verfalle Erlösung versprechenden Sekten oder Drogen, ohne selbst wirklich aktiv zu werden. Frustration und eine gewisse Auflösung meines Lebenskerns, meiner Vitalität sind die Folge.

Integration (= Schicksal +):   Ich verwirkliche mich über eine Tätigkeit, die eine echte Alternative zu einengenden Strukturen darstellt und das Wohl der Gesellschaft oder einzelner fördert. Ich fühle mit anderen mit und fühle mich ihnen »kosmisch« verbunden, ohne auf Dankbarkeit, Gegenliebe o. ä. angewiesen zu sein. Meine Visionen sind realitätsgerecht und geben mir Kraft.

Last but not least: Organisation von Drogenhandel

Die aufgeführten Umsetzungsformen geben eine *allgemeine* Richtung an; die *spezielle* Realisationsform kann dann aufgrund der Kenntnis dieser allgemeinen Richtung im Einzelfall wiedererkannt werden.

Aufspürung

Neptun	Mond
– Bewußtseinserweiterung • echte mystische Erfah- rung (Unio Mystica) • Drogen • reale (immanente) Grenzüberschreitung • Wundergläubigkeit – Mitgefühl	– kindhafte Unbefangenheit – Identitätsgefühl – Gefühle / Wünsche / Träume / Bedürfnisse

Bilden Neptun und Mond einen Aspekt, so können sie folgendermaßen erlebt werden:

Projektion (Neptun): Ich definiere mich darüber, daß ich Schwachen, Hilflosen und Ausgestoßenen in meinem Umfeld helfe, wodurch verhindert wird, daß ich an meine *eigenen* und *eigentlichen* Gefühle und Bedürfnisse rankomme. Also durch die Identifikation mit Leid und Leidenden wird meine eigene Identität aufgelöst.

Projektion (Mond): Ich gehe ich die Rolle des Hilflosen und Abhängigen und suche Geborgenheit z. B. bei einer Frau, Ersatzmutter, Katzen, Anstalt etc. Betrug im Betten- und Matratzenhandel.

Somatisierung: empfindlicher Magen, Schlafstörungen

Todesart / -ursache: Auflösung von Identität und Urvertrauen

»Psychotisierung«: Depression, Angstneurose (Angst vor der Angst)

Skriptbotschaft: Rette mich / uns / die Familie!

Planeten- bzw. Kräftekombinationen

Schicksal (–): Über den Identifikationsmechanismus wird mein Mitgefühl zu echtem Mit-Leiden, das mich schwächt. Ich verliere den Kontakt zu meinen eigenen Bedürfnissen und auch zu den Bedürfnissen des andern. Das Helfersyndrom führt zu Frustration und »Undank«. Ich verliere den Kontakt zur Realität, flüchte in Scheinwelten und bin im tiefsten so verunsichert, daß Angst zum Grundgefühl werden kann.

Integration (= Schicksal +): Ich habe ein gutes Gespür für meine innersten Bedürfnisse und bin in Kontakt mit meiner Gefühlsnatur. Ich fühle mich wohl in meiner Haut und kann mir selbst helfen. Dadurch wird meine Ichgrenze real erweitert und mein gut ausgeprägtes Gespür für die Situation anderer trifft deren wahre Bedürfnis- und Gefühlslage. Mein Urvertrauen kann grenzenlos sein, ohne an Festigkeit zu verlieren. Durch diese stabile Grundverfassung kann ich anderen wirklich helfen.

Last but not least: unbefleckte Empfängnis

Die aufgeführten Umsetzungsformen geben eine *allgemeine* Richtung an; die *spezielle* Realisationsform kann dann aufgrund der Kenntnis dieser allgemeinen Richtung im Einzelfall wiedererkannt werden.

Aufspürung

Neptun	Merkur

– Bewußtseinserweiterung
  ● echte mystische Erfahrung (Unio Mystica)
  ● Drogen
  ● reale (immanente) Grenzüberschreitung
  ● Wundergläubigkeit
– Mitgefühl
	– geistige Wachsamkeit:
	  ● Verstand
	  ● Vernunft
	– Informationsaufnahme und -weitergabe (Kommunikations- und Ausdrucksfähigkeit)
	– geistige und seelische Reinigung

Bilden Neptun und Merkur einen Aspekt, so können sie folgendermaßen erlebt werden:

Projektion (Neptun): Aus Angst vor Unfaßbarem strengstes naturwissenschaftliches Denken, was häufig als Eigentor doch an das Unfaßbare stößt und mich dann verunsichert.

Projektion (Merkur): Scheinwelten, Wunder und Phantastisches nehmen mich so ein, daß mein klares Denken vernebelt ist, was mir als Kritik von außen spürbar wird (ausgelagerte Ratio). Ich entziehe mich präziser Stellungnahme und umgehe heikle Fragen → Selbst- und Fremdbetrug denkbar.

Somatisierung: Blähungen, Darmpilz, Heuschnupfen, Verdauungsstörungen

Todesart/-ursache: Abdriften in Wahnwelten/seelische Verunreinigung

»Psychotisierung«: Legasthenie, Parese (= unvollständige Lähmung), Alalie, Agraphie

Skriptbotschaft: Sei still!

Planeten- bzw. Kräftekombinationen

Schicksal (–):   Mein Gegenüber oder ich selbst reden uferlos oder verstummen. Eine echte Kommunikation im Sinne einer Begegnung und Verständigung ist nicht möglich. → Was in mir ist wird nicht adäquat nach außen gestellt und »verschmutzt« mich von der seelischen Ebene her. Seelische Vereinsamung kann im Extremfall die psycho-logische Folge sein.

Integration (= Schicksal +):   Ich kann Unbeweisbares zulassen, wenn es eine Gefühlsgewißheit besitzt. Mein Denken erfaßt Hintergründe, und es gelingt mir, kaum Sagbares zu versprachlichen z. B. in der Dichtkunst. Ich spreche nicht nur *über* meine Gefühle, sondern kann sie *unmittelbar* zum Ausdruck bringen. Dadurch wird mein Wohlbefinden stabilisiert.

Last but not least: Holzbein

Die aufgeführten Umsetzungsformen geben eine *allgemeine* Richtung an; die *spezielle* Realisationsform kann dann aufgrund der Kenntnis dieser allgemeinen Richtung im Einzelfall wiedererkannt werden.

Aufspürung

Neptun	Venus
– Bewußtseinserweiterung • echte mystische Erfahrung (Unio Mystica) • Drogen • reale (immanente) Grenzüberschreitung • Wundergläubigkeit – Mitgefühl	– sinnliches Aufgehen im Augenblick (Genuß, Erotik, Lust, Kunst) – äußerer und innerer Ausgleich (Schönheit / Harmonie)

Bilden Neptun und Venus einen Aspekt, so können sie folgendermaßen erlebt werden:

Projektion (Neptun): In finanzieller wie in partnerschaftlicher Hinsicht bin ich leicht verführbar und kann Opfer von Betrug werden. Auch z. B. Arbeiten in einer Spielbank oder sein Glück im Spiel versuchen. In Partnerschaften gerate ich an hilflose oder süchtige Menschen oder auch an feinsinnige Künstler oder Außenseiter. Auch finanzielle Ausbeutung in solchen Partnerschaften oder Verunsicherung meiner Abgrenzung und meines Selbstwertes. Drogenhandel.

Projektion (Venus): Durch meinen Ausstieg aus der Realität bringe ich mich in eine derart haltlose Situation, daß ich auf die seelische und materielle Unterstützung anderer angewiesen bin.

Somatisierung: Blasenschwäche, Nierenbeschwerden

Todesart/-ursache: unerfüllte Sehnsucht

»Psychotisierung«: Süchte, Agensie (= Geschmacksverlust)

Skriptbotschaft: Sei grenzenlos!

Planeten- bzw. Kräftekombinationen

Schicksal (–): Mangelndes Selbstwertgefühl und die Sehnsucht, über das Vorgefundene hinauszustreben treiben mich in Geldverluste, irreale Partnerschaften, Illusionsfabriken jeder Art. Dort hoffe ich, Erfüllung zu finden und schwäche mich mehr und mehr, weil mich – anstelle echter Alternativen – nur die Sucht, die Sehnsucht treiben. Der Halt, den ich in mir selbst nicht aufbaute, wird mir auch in Partnerschaften versagt. Meine Sucht erhöht sich → Teufelskreis.

Integration (= Schicksal +): Ich stehe zu mir, indem ich mich abgrenze und genau dadurch habe ich soviel inneren Halt, daß ich mich im sinnlichen Kontakt wirklich hingeben kann und mich der Muse und Transzendenz öffnen kann. Meine Sehnsucht, die über die Alltagswelt hinausgreift, findet in Partnerschaft oder Kunst reale Inhalte. Mein Selbstwertgefühl ist so stark, daß es gleichsam aufgeht in einer Art universeller Menschenliebe. Ich habe alternative Formen, mich abzusichern und mit Finanzen umzugehen.

Last but not least: Kontakt mit Engeln, Heiratsschwindler

Die aufgeführten Umsetzungsformen geben eine *allgemeine* Richtung an; die *spezielle* Realisationsform kann dann aufgrund der Kenntnis dieser allgemeinen Richtung im Einzelfall wiedererkannt werden.

Aufspürung

Neptun	Jupiter

– Bewußtseinserweiterung
  • echte mystische Erfah-
    rung (Unio Mystica)
  • Drogen
  • reale (immanente)
    Grenzüberschreitung
  • Wundergläubigkeit
– Mitgefühl
	– Fülle
	– Wachstumsimpuls
	  (vertikal / horizontal)
	– Weisheit / Begeisterung
	– verpflichtungsloser
	  Optimismus

Bilden Neptun und Jupiter einen Aspekt, so können sie folgendermaßen erlebt werden:

Projektion (Neptun): Meine Bildung wird nicht anerkannt. Im geistigen Ausdruck werde ich verunsichert. Ich verbreite meine Weltanschauung in der Alternativszene.

Projektion (Jupiter): Durch Wunder- und Leichtgläubigkeit fördere ich Heilsbetriebe. Ich lebe in einer Traum- und Wunschwelt und meine idealistischen, hochtrabenden Entwürfe werden von der konkreten Realität eingeholt. Eine naiv optimistische Haltung, daß sich alles zum Besten wenden wird, bewirkt, daß sich die Jupiter-Energie gegen mich wendet und an die Stelle leichten Wachstums treten schmerzliche Erfahrungen. Sie basieren auf übermäßigen Projektionen infolge meiner eingebildeten Wunschwelt.

Somatisierung: Hüftbeschwerden, Leberschrumpfung (Zirrhose)

Todesart/-ursache: unrealistisches »Engelsyndrom«

»Psychotisierung«: Spaltungsgefühl infolge exzessiver Weltflucht

Planeten- bzw. Kräftekombinationen

Skriptbotschaft: Glaube alles – vor allen Dingen das Unmögliche!

Schicksal (–): Ich weiche meinem Wachstum und meiner Entwicklung aus, indem ich Partnerschaften auflöse, mich fluchtartig auf Reisen begebe, auch durch Flucht in Seligkeit versprechende Weltanschauungen. Ich erwarte die Entwicklungshilfe von außen z. B. über den Beistand von Engeln, ohne selbst durch die Ausarbeitung von Alternativen mein Wachstum zu fördern. Bittere Enttäuschungen aufgrund unrealistischer Haltung im mitmenschlichen Bereich.

Integration (= Schicksal +): Durch die Entwicklung »realitätssicherer« Alternativen wachse ich über mich hinaus. Mein Gespür für kosmische Zusammenhänge öffnet mein Herz für meine Mitmenschen, wobei ich vom Sinngefühl an sich getragen werde und nicht auf Gegenliebe spekulieren muß. Der Dank war immer schon.

Last but not least: Phantasiereisen

Die aufgeführten Umsetzungsformen geben eine *allgemeine* Richtung an; die *spezielle* Realisationsform kann dann aufgrund der Kenntnis dieser allgemeinen Richtung im Einzelfall wiedererkannt werden.

Aufspürung

Sonne	Mond
– zentraler Lebensantrieb / Kernanliegen – Schöpfungsimpuls / Sexualität – Selbstverwirklichung / Handlungsfähigkeit – Ego	– kindhafte Unbefangenheit – Identitätsgefühl – Gefühle / Wünsche / Träume / Bedürfnisse

Bilden Sonne und Mond einen Aspekt, so können sie folgendermaßen erlebt werden:

Projektion (Sonne): Entweder bin ich so sehr auf meine Gefühle, Wünsche und Bedürfnisse eingestimmt, daß ich die Beziehung zu meinem Unternehmungsgeist verliere, oder ich bin so sehr damit beschäftigt, die Stimmungslage meines Umfeldes abzutasten, daß ich ebenfalls nicht in der Lage bin, *eigene* Willensimpulse in die Tat umzusetzen. Ich ziehe entsprechend Menschen oder Unternehmen an, die für mich handeln.

Projektion (Mond): Ich lebe aktivistisch die Sonnenseite, ohne Rückbindung an meine Gefühlsnatur. → In mir finde ich keine Geborgenheit, die ich draußen suche z.B. bei Frauen, Katzen, Kuscheltieren etc.

Somatisierung: ./.

Todesart / -ursache: ./.

»Psychotisierung«: Animus- / Animastörung; Einseitigkeit in der Persönlichkeit

Schicksal (–): Tatenlos unselbständige Gefühlsduselei einerseits und unsensible, vom Strom des Lebens, der Natur abgetrennter Aktivismus andererseits belasten den menschlichen

150

Planeten- bzw. Kräftekombinationen

Kontakt und erschweren die Aussöhnung mit meinen Eltern
→ schmerzliche Erfahrungen werden nicht aufgearbeitet, Kraft-
und Lebensfreude sind in Ressentiments gebannt.

Integration (= Schicksal +): Ich bin in Kontakt mit meinen
Gefühlen und stehe zu meinen Bedürfnissen → dadurch bin ich
in der Lage, Dinge vertrauensvoll anzupacken → aus meinen
Taten wächst mir Lebenskraft zu, und mein Vertrauen zu mir
und zum Leben erhöht sich immer mehr. Ich handle aus *mir*
heraus und nicht mehr in reaktiver Abstimmung auf mein Umfeld oder meine Gefühle.

Last but not least: nostalgievolle Vehikel (Kutsche)

Die aufgeführten Umsetzungsformen geben eine *allgemeine*
Richtung an; die *spezielle* Realisationsform kann dann aufgrund der Kenntnis dieser allgemeinen Richtung im Einzelfall
wiedererkannt werden.

Aufspürung

Sonne	Merkur

– zentraler Lebensantrieb / Kernanliegen
– Schöpfungsimpuls / Sexualität
– Selbstverwirklichung / Handlungsfähigkeit
– Ego
	– geistige Wachsamkeit:
	  • Verstand
	  • Vernunft
	– Informationsaufnahme und -weitergabe (Kommunikations- und Ausdrucksfähigkeit)
	– geistige und seelische Reinigung

Bilden Sonne und Merkur einen Aspekt, so können sie folgendermaßen erlebt werden:

Der maximal mögliche Gradabstand dieser beiden Himmelskörper beträgt 28 Grad. Die Aspektmöglichkeiten sind also sehr beschränkt. Die Stellung im Gesamthoroskop (Zeichen, Haus, angereihte Aspekte) läßt folgende Spielarten unterscheiden:

1. Ist Merkur, die Ratio, überbetont, dann läßt er Herzensregungen wenig Raum.

2. Kommt die Sonne mehr zum Zuge, dann können ausgewogenes Urteil und Überlegung Opfer des Handlungsimpulses werden.

3. Je enger die Konjunktion, umso subjektiver das Denken. Denken und Sinn können zusammenfallen.

Last but not least: Ich denke, also bin ich

Die aufgeführten Umsetzungsformen geben eine *allgemeine* Richtung an; die *spezielle* Realisationsform kann dann aufgrund der Kenntnis dieser allgemeinen Richtung im Einzelfall wiedererkannt werden.

Planeten- bzw. Kräftekombinationen

Sonne	Venus
– zentraler Lebensantrieb / Kernanliegen	– sinnliches Aufgehen im Augenblick (Genuß,
– Schöpfungsimpuls / Sexualität	Erotik, Lust, Kunst)
– Selbstverwirklichung / Handlungsfähigkeit	– äußerer und innerer Ausgleich (Schönheit / Harmonie)
– Ego	

Bilden Sonne und Venus einen Aspekt, so können sie folgendermaßen erlebt werden:

Der Winkelabstand zwischen Venus und Sonne kann höchstens 48 Grad betragen.

Ein Aspekt steigert in jedem Fall die sinnliche Empfänglichkeit, die Freude an schönen Dingen und die Genußfähigkeit. Grundsätzlich gilt: Je handlungsfähiger und je unternehmungslustiger ich bin, umso unabhängiger bin ich in meinem Selbstwertgefühl von anderen. Wichtig ist die Gestaltung des eigenen Lebensstils nach dem eigenen Geschmack.

Last but not least: Modemodell

Die aufgeführten Umsetzungsformen geben eine *allgemeine* Richtung an; die *spezielle* Realisationsform kann dann aufgrund der Kenntnis dieser allgemeinen Richtung im Einzelfall wiedererkannt werden.

Aufspürung

Sonne	**Jupiter**
– zentraler Lebensantrieb / Kernanliegen	– Fülle
– Schöpfungsimpuls / Sexualität	– Wachstumsimpuls (vertikal / horizontal)
– Selbstverwirklichung / Handlungsfähigkeit	– Weisheit / Begeisterung
– Ego	– verpflichtungsloser Optimismus

Bilden Sonne und Jupiter einen Aspekt, so können sie folgendermaßen erlebt werden:

Projektion (Sonne): Vor lauter Grübeln über den Sinn und die eigene Lebensaufgabe komme ich nicht zum Handeln. In dem Bemühen, eine Idee vom Superglück zu verwirklichen, verliere ich meine innere Mitte.

Projektion (Jupiter): Ich verwirkliche mich im Import- und Exportbereich einer Firma oder setze mich für einen Weltanschauungsbetrieb oder ein Wohltätigkeitsunternehmen ein.

Somatisierung: ggf. Bluthochdruck (Hypertonie)

Todesart / -ursache: . / .

»Psychotisierung«: Hochstapler, Größenwahn, Zwangsoptimismus, Hysterieneigung

Skriptbotschaft: Du bist der Größte!

Schicksal (–): Ich agiere nur, um meine Wichtigkeit herauszustellen und verliere so mehr und mehr Kontakt zu dem, was mir wesensmäßig wichtig ist. Oder ich expandiere um des Expandierens willen bis ich in eine Krise gerate, weil die Sinnlosigkeit solchen Tuns über mich hereinbricht.

Planeten- bzw. Kräftekombinationen

Integration (= Schicksal +): Mein Handeln ist von der Sinn-frage getragen → ich habe Energie für inneres und äußeres Wachstum.

Last but not least: Luxuslimousine

Die aufgeführten Umsetzungsformen geben eine *allgemeine* Richtung an; die *spezielle* Realisationsform kann dann auf-grund der Kenntnis dieser allgemeinen Richtung im Einzelfall wiedererkannt werden.

Aufspürung

Mond	Merkur
– kindhafte Unbefangenheit – Identitätsgefühl – Gefühle / Wünsche / Träume / Bedürfnisse	– geistige Wachsamkeit: ● Verstand ● Vernunft – Informationsaufnahme und -weitergabe (Kommunikations- und Ausdrucksfähigkeit) – geistige und seelische Reinigung

Bilden Mond und Merkur einen Aspekt, so können sie folgendermaßen erlebt werden:

Projektion (Mond): Ich habe meine Gefühlsseite verdrängt und bin deshalb nicht in der Lage, die Welt ganzheitlich zu erfassen. Meine kühle, rationale Art löst Gefühlsausbrüche in meinem Umfeld aus. Meine intellektuellen Tätigkeiten haben zu Schwierigkeiten mit meiner Mutter geführt.

Projektion (Merkur): Meine Gefühle haben die Oberhand über mein Denken → ich erfahre die kritische Instanz in der Außenwelt, indem ich z. B. auf Menschen stoße, die sehr kopflastig sind, mich kritisieren und Gefühle abwerten.

Somatisierung: . /.

Todesart /-ursache: . /.

»Psychotisierung«: Das Gefühl von Ausweglosigkeit infolge seelisch-geistiger Spaltungen (Schizoidie)

Skriptbotschaft: Denken ist Männersache!

Planeten- bzw. Kräftekombinationen

Schicksal (–): Denken und Fühlen stehen im Widerspruch, was sich in Entscheidungsschwierigkeiten äußern kann. Ich bin hin- und hergerissen zwischen Verstand und Gefühl. Ich verbalisiere unaufhörlich sich einstellende Assoziationen und habe so eine Art »Fühldenken«, das mich z. B. auch zu sektiererischer Schwärmerei verleiten kann. → auch Kommunikationsschwierigkeiten.

Integration (= Schicksal +): Mein Fühlen verleiht meinem Denken Tiefe, und mein Denken verleiht meinem Fühlen Klarheit. Ich kann Gefühle gut in Worte fassen, habe Phantasie und einen lebendigen Erzählstil, weil meine Gedanken nicht von meinem inneren Erleben abgetrennt sind.

Last but not least: Traumdeutung

Die aufgeführten Umsetzungsformen geben eine *allgemeine* Richtung an; die *spezielle* Realisationsform kann dann aufgrund der Kenntnis dieser allgemeinen Richtung im Einzelfall wiedererkannt werden.

Aufspürung

Mond	Venus

– kindhafte Unbefangenheit
– Identitätsgefühl
– Gefühle / Wünsche /
  Träume / Bedürfnisse
	– sinnliches Aufgehen
	  im Augenblick (Genuß,
	  Erotik, Lust, Kunst)
	– äußerer und innerer
	  Ausgleich (Schönheit /
	  Harmonie)

Bilden Mond und Venus einen Aspekt, so können sie folgendermaßen erlebt werden:

Projektion (Mond): Meine Mutter hat meine Sinnlichkeit, mein Genußstreben nicht akzeptiert → Genuß und Erotik irritieren mein Urvertrauen → ich suche Geborgenheit bei Menschen, mit denen ich meine sinnliche Seite nicht leben kann.

Projektion (Venus): Ich gehe in Beziehungen in die Versorger- und Bemutterungsrolle, wobei meine sinnliche Seite auf der Strecke bleibt. Ich »brauche« diese Rolle, um dadurch meinen Selbstwert vermeintlich zu stabilisieren.

Somatisierung: ./.

Todesart /-ursache: ./.

»Psychotisierung«: »Unbehagen in der Kultur«

Skriptbotschaft: Genuß führt zu Gefühlschaos!

Schicksal (–): Partnerschaftsprobleme, weil ich mich erotisch nicht von dem Partner angesprochen fühle, bei dem eine seelische Verbundenheit besteht (und umgekehrt). In der Garderobe zeigt sich dieser Konflikt z. B. so, daß das, was mir gefällt, ungemütlich ist (und umgekehrt). Immer geht es letztendlich

Planeten- bzw. Kräftekombinationen

um die Frage, ob ich mich mit dem, was mir gefällt und was ich genieße, identifizieren kann.

Integration (= Schicksal +): Ich kaufe Dinge, mit denen ich eine innere Verbindung spüre *und* die mir gefallen. Weil ich durch Abgrenzung gelernt habe, zu mir zu stehen, habe ich das nötige Vertrauen, mich Genuß und Sinnlichkeit ohne Seelenverlust zu öffnen. Oder ich genieße künstlerische Betätigungen, mit denen ich mich identifizieren kann.

Last but not least: Traumtänzerin

Die aufgeführten Umsetzungsformen geben eine *allgemeine* Richtung an; die *spezielle* Realisationsform kann dann aufgrund der Kenntnis dieser allgemeinen Richtung im Einzelfall wiedererkannt werden.

Aufspürung

Mond	Jupiter
– kindhafte Unbefangenheit	– Fülle
– Identitätsgefühl	– Wachstumsimpuls
– Gefühle / Wünsche /	(vertikal / horizontal)
Träume / Bedürfnisse	– Weisheit / Begeisterung
	– verpflichtungsloser
	Optimismus

Bilden Mond und Jupiter einen Aspekt, so können sie folgendermaßen erlebt werden:

Projektion (Mond): Ich promoviere, um das Ansehen meiner Familie zu heben, oder um das Bildungsdefizit meiner Mutter auszugleichen. Mein Beliebtheitswunsch verleitet mich zur Vernachlässigung meiner Bedürfnisse → ich befriedige nur die Bedürfnisse anderer – sei es durch Mäzenatentum oder die Darlegung von Sinnfragen etc. Meine eigene Geborgenheit bleibt bei diesem Motiv (Beliebtheitswunsch) auf der Strecke.

Projektion (Jupiter): Ich versuche, zu »mir« zu finden, indem ich mich einer besonders edlen und »weiten« Religionsgemeinschaft anschließe oder einen Adligen heirate.

Somatisierung: Fettleibigkeit

Todesart / -ursache: innere Sinnlosigkeit

»Psychotisierung«: Fettsucht, Bulimie, »Geborgenheit« durch Essen

Skriptbotschaft: Unsere Familie ist was Besseres! (Adel, blaues Blut)

Schicksal (–): Die Bildungsansprüche meiner Mutter oder meines sozialen Umfeldes sind so bestimmend, daß ich kein Gefühl für *eigene* Bildungsansprüche habe. Dieses »Wachstums- und Edeltumstreben« ist meiner wirklichen Bedürfnislage so fremd, daß die Krise unausweichlich ist. Ich erlebe sie z. B. als Sinn-Zusammenbruch jenes entäußerten Strebens.

Integration (= Schicksal +):   Ich erweitere mich nur über Gedankengut, Reisen, Menschen, zu denen ich einen *inneren* Bezug habe. Ich habe eine eigene Weltanschauung, die in Harmonie mit meiner inneren Stimme ist → ich kann mich vertrauensvoll und wohlwollend auf andere einstellen. → Meine innere Lebensfreude wächst immer mehr → ich kann andere begeistern und mitreißen.

Last but not least: Putzfrau beim Herrn Professor sein

Die aufgeführten Umsetzungsformen geben eine *allgemeine* Richtung an; die *spezielle* Realisationsform kann dann aufgrund der Kenntnis dieser allgemeinen Richtung im Einzelfall wiedererkannt werden.

Aufspürung

Merkur	**Venus**

– geistige Wachsamkeit:
   • Verstand
   • Vernunft
– Informationsaufnahme
  und -weitergabe
  (Kommunikations- und
  Ausdrucksfähigkeit)
– geistige und seelische
  Reinigung
	– sinnliches Aufgehen
	  im Augenblick (Genuß,
	  Erotik, Lust, Kunst)
	– äußerer und innerer
	  Ausgleich (Schönheit /
	  Harmonie)

Bilden Merkur und Venus einen Aspekt, so können sie folgendermaßen erlebt werden:
(maximaler Winkelabstand 68 Grad)

Projektion (Merkur): Ich bin so durchdrungen von meinem Schönheitssinn, daß ich das Zweckmäßige völlig außer acht lasse. Ich umgebe mich mit schönen Dingen (Zierrat), die ich nicht brauche → die praktische Bewältigung meines Lebens ist etwas erschwert, und ich stoße auf Kritik. Ich bin im sozialen Kontakt so auf Harmonie bedacht, daß ich wichtigen Gesprächen ausweiche.

Projektion (Venus): Über dem Nützlichen und Praktischen vernachlässige ich Kontakte und sinnliche Freuden. Ich leiste technische Kleinarbeit für den Genuß anderer z.B. könnte ich Maschinen für die Herstellung von Pralinen konstruieren.

Somatisierung: ./.

Todesart /-ursache: ./.

»Psychotisierung«: ./.

Skriptbotschaft: Sprich wohlgefällig!

Planeten- bzw. Kräftekombinationen

Schicksal (–):   Kommunikationsschwierigkeiten in Beziehungen, weil an der Oberfläche zuviel Harmonie gewahrt wird. Desillusionierungserlebnisse, weil ich die Tendenz habe, die Welt für besser zu halten als sie ist.

Integration (= Schicksal +):   Ich kann mich an Sprache sinnlich berauschen. Über Sprache stabilisiere ich mein Selbstwertgefühl, und auch indem ich meine Gefühle zeige, was immer impliziert, daß ich zu mir stehe. Mein Sinn für Schönes und Nützliches ergänzen einander.

Last but not least: schöngeistige Bibliothek

Die aufgeführten Umsetzungsformen geben eine *allgemeine* Richtung an; die *spezielle* Realisationsform kann dann aufgrund der Kenntnis dieser allgemeinen Richtung im Einzelfall wiedererkannt werden.

Aufspürung

Merkur	Jupiter
– geistige Wachsamkeit: • Verstand • Vernunft – Informationsaufnahme und -weitergabe (Kommunikations- und Ausdrucksfähigkeit) – geistige und seelische Reinigung	– Fülle – Wachstumsimpuls (vertikal / horizontal) – Weisheit / Begeisterung – verpflichtungsloser Optimismus

Bilden Merkur und Jupiter einen Aspekt, so können sie folgendermaßen erlebt werden:

Projektion (Merkur): Ich lasse mich begeistert von großen Entwürfen fortreißen, ohne Blick für Nützlichkeit und Detail → ich werde kritisiert → Verstand und zweckrationale Einwände begegnen mir solange an andern, bis ich sie selbst entwickele.

Projektion (Jupiter): Ich passe mich gängigen Sinnsystemen an → ich kann nicht wirklich in Kontakt mit meinem eigenen Sinnbedürfnis sein. Geistige Reife und Fülle werden mir von Weltanschauungen versprochen, wenn ich mich ihnen unterordne und diene. (Heuchelei) Ich kritisiere solche Systeme, bleibe dabei in der Kritik stecken, ohne selbst zu wachsen.

Somatisierung: ./.

Todesart/-ursache: ./.

»Psychotisierung«: ./.

Skriptbotschaft: Du redest wie ein Asozialer!

Schicksal (–): Meine großangelegten Projekte scheitern, weil ich im Detail nachlässig bin. Oder umgekehrt: Ich verzettele mich, weil ich zu sehr auf die Kleinarbeit konzentriert bin und die große Leitlinie aus dem Auge verliere. Mein Denken hat etwas scheinbar Großzügiges, was in Wirklichkeit aber geistige Bequemlichkeit ist.

Integration (= Schicksal +): Es gelingt mir das, worin ich einen Sinn sehe, in konkreten, praktischen Einzelschritten zu verwirklichen. Ich bleibe nicht in globalem Wohlwollen stecken, sondern verfüge über die nötige Information, um Menschlichkeit und Güte eine Gestalt zu verleihen. Das Nützliche und Sinnvolle befruchten sich gegenseitig. Ich wachse innerlich daran, daß ich in der Lage bin, meine Gefühle zu zeigen.

Last but not least: Religionskritiker

Die aufgeführten Umsetzungsformen geben eine *allgemeine* Richtung an; die *spezielle* Realisationsform kann dann aufgrund der Kenntnis dieser allgemeinen Richtung im Einzelfall wiedererkannt werden.

Aufspürung

Venus	Jupiter
– sinnliches Aufgehen im Augenblick (Genuß, Erotik, Lust, Kunst) – äußerer und innerer Ausgleich (Schönheit / Harmonie)	– Fülle – Wachstumsimpuls (vertikal / horizontal) – Weisheit / Begeisterung – verpflichtungsloser Optimismus

Bilden Venus und Jupiter einen Aspekt, so können sie folgendermaßen erlebt werden:

Projektion (Venus): Ich bin so auf spirituelle Erweiterung ausgerichtet, daß ich von sinnlichen Genüssen abgetrennt bin. Durch das Befolgen einer bestimmten Weltanschauung habe ich keinen eigenen Lebensstil → mein Selbstwert wird von meinen spirituellen Erfolgen definiert → ist also nicht aus *meinem* Innern gewachsen.

Projektion (Jupiter): Sich in spirituell edle, »weite« Menschen verlieben oder in Adlige; auch in sog. »bessere« Kreise hineinheiraten. → also das letztlich eitle Bestreben, den eigenen Selbstwert über den engen Kontakt zu solchen Persönlichkeiten zu heben. (kein inneres Wachstum)

Somatisierung: gutartige Tumore

Todesart / -ursache: . / .

»Psychotisierung«: . / .

Skriptbotschaft: Sei edel, hilfreich und gut!

Schicksal (–): Jupiter und Venus sind in der astrologischen Tradition die beiden Glücksplaneten. Schicksalhaft wird hier die falsche Vorstellung vom Glück: in der Regel wirkt sich eine

166

Planeten- bzw. Kräftekombinationen

quantitativ aufgeblähte Venus verhängnisvoll aus z. B. maßloser Genuß, Verweichlichung im Wohlstand, überzogene Hoffnungen und Ansprüche in der Liebe.

Integration (= Schicksal +): Mein Lebensstil und mein Genußleben haben eine qualitative Ausrichtung d. h. sie sind in Einklang mit dem, was mir sinnvoll erscheint. So könnte z. B. mein Lebensstil äußerlich betrachtet bescheiden wirken und doch großartig sein.

Last but not least: Edelnutte

Die aufgeführten Umsetzungsformen geben eine *allgemeine* Richtung an; die *spezielle* Realisationsform kann dann aufgrund der Kenntnis dieser allgemeinen Richtung im Einzelfall wiedererkannt werden.

EINSPURUNG

Raster zur Prioritätenfindung

Will man die Schwerpunkte in einem Horoskop erkennen, so gibt es viel zu berücksichtigen – im Grunde, wie immer bei der Astrologie, letztlich ALLES. Hat z. B. jemand nur einen einzigen gespannten Aspekt im Horoskop, so ist dieser Aspekt gleichsam der Blitzableiter des gesamten Spannungspotentials dieses Menschen und wird entsprechend zentral erlebt. Oder – ein Sonne-Mars-Quadrat in einem »feuergeladenen« Horoskop wirkt krasser als in einem Erd-Horoskop. Immer muß der Kontext im Hinterkopf des Analysierenden sein.

Grundsätzlich gilt: Die Fähigkeit, die Kraft und das Potential, welche uns durch die sogenannten harmonischen Aspekte zuwachsen, fühlen sich für den Horoskopeigner »normal« und »selbstverständlich« an. Das kann er halt einfach und meint deshalb, die symbolisierte Fähigkeit sei nichts Besonderes. Die Herausforderungen und Klippen lassen sich an den dissonanten Aspekten ablesen bzw. *wiedererkennen.* Für eine verantwortungsvolle und zeitgemäße astrologische Arbeit ist es meiner Meinung nach entscheidend, nicht vom Horoskop her auf einen Menschen zu schließen, sondern durch die Analyse der Lebensumstände eines Menschen zu begreifen, auf welche Weise er die Kräftemischung seines Horoskops zum Ausdruck bringt – in dem vollen Bewußtsein, daß viele andere Ausdrucksformen möglich wären. Kurz: Astrologie nicht als Stigmatisierungs-, sondern als Befreiungsmedium. Idealerweise findet der einzelne die Befreiungsmöglichkeiten selbst, denn Vorschriften und Ratschläge erhöhen erstens die Abwehr und bergen zweitens die Gefahr, daß sie nicht hun-

Einspurung

dertprozentig auf den einzelnen passen. Jeder trägt die Antworten und Lösungen auf all seine Fragen und Probleme in sich selbst; er braucht meist nur eine Art »Steigbügel« zu sich selbst. Diesen Steigbügel möchte ich durch die hier im 3. Teil »Einspurung« aufgeführten Selbstverständnisfragen zur Verfügung stellen. Um herauszufinden, welche Fragen für den Horoskopeigner besonders relevant sind, müssen wir die Schwerpunkte, die Prioritäten in einem Horoskop finden können. Und das machen wir folgendermaßen:

Wir ermitteln die Mehrfachbetonungen in einem Horoskop: zwei astrologische Prinzipien können nicht nur durch einen Aspekt von zwei Planeten (z. B. Mars Opposition Saturn) miteinander verbunden sein, sondern auch dadurch, daß

- ein Planet in einem bestimmten Tierkreiszeichen steht (z. B. Mars im Steinbock oder Saturn in Widder)

- ein Planet in einem bestimmten Haus steht (z. B. Mars im 10. Haus oder Saturn im 1. Haus)

- ein bestimmtes Tierkreiszeichen ein bestimmtes Haus anschneidet (z. B. Widder das 10. Haus oder Steinbock das 1. Haus)

- ein Planet in einem Haus steht, das von einem gewissen Tierkreiszeichen angeschnitten wird – auch, wenn der Planet nicht selbst in diesem Tierkreiszeichen steht. Man kann davon sprechen, daß dieses Tierkreiszeichen jenen Planeten im Schlepptau hat. (z. B. Widder schneidet das 3. Haus an und Saturn steht im 3. Haus im Tierkreiszeichen Stier, oder Steinbock schneidet das 5. Haus an und Mars steht im 5. Haus im Zeichen Wassermann)

Wir können dieses Ermittlungsverfahren natürlich nur anwenden, wenn wir wissen, daß Mars dem Tierkreiszeichen Widder zugeordnet ist und die beiden thematisch mit dem ersten Haus in Verbindung stehen. Gleichermaßen sind Saturn, Steinbock und 10. Haus einander zugeordnet.

Fragen zu den Planetenkombinationen

Es folgt eine kurze Zuordnungsübersicht für alle Prinzipien:

♈	Widder,	♂	Mars,	1. Haus
♉	Stier,	♀	Venus,	2. Haus
♊	Zwilling,	☿	Merkur,	3. Haus
♋	Krebs,	☽	Mond,	4. Haus
♌	Löwe,	☉	Sonne,	5. Haus
♍	Jungfrau,	☿	Merkur,	6. Haus
♎	Waage,	♀	Venus,	7. Haus
♏	Skorpion,	♇	Pluto,	8. Haus
♐	Schütze,	♃	Jupiter,	9. Haus
♑	Steinbock,	♄	Saturn,	10. Haus
♒	Wassermann,	♅	Uranus,	11. Haus
♓	Fische,	♆	Neptun,	12. Haus

Wenn Sie Ihre Mehrfachbetonungen und wichtige Aspekte gesichtet haben, können Sie sich Ihren Selbstverständnisfragen gezielt widmen.

173

Einspurung

Selbstverständnisfragen zu den astrologischen Planetenkombinationen

Saturn / Sonne

– Kann ich gut auf mein Unglück verzichten?
  (Antwort gut »durchfühlen«)

– Wo engen Perfektionismus, Ehrgeiz und Leistungsbewußtsein ein spontanes Leben ohne Schuldgefühle ein?

– Welche Ideale habe ich?

– Könnte ich diese Ideale durch realere Ziele ersetzen?

– Ich habe ein Recht auf meine Vitalität und meine Handlungsfähigkeit. Lasse ich mich in diesem Recht mitunter durch die Angst vor Fehlern z.B. blockieren?

– *Fühle* ich, ein *Recht* auf eine mir gemäße Sexualität zu haben, oder bin ich auf diesem Gebiet mit Pflicht / Leistung / Normen / Ekel konfrontiert?

– Wie perfekt muß ich sein?

Trainingspunkt:
Normen, Maßstäbe, Ideale überprüfen und durch *eigene* Maßstäbe ersetzen = Verantwortung für das eigene Handeln übernehmen.

Und überhaupt:
Ich bin schon da: ich brauche keine Daseinsberechtigung mehr.

Saturn / Mond

– *Fühle* ich, ein Recht auf meine seelische Eigenart zu haben?

– Wer setzt die Maßstäbe in meinem Leben? »Die Gesellschaft« oder *meine* innere Stimme?

Fragen zu den Planetenkombinationen

– In welchem Ausmaß schaffe ich es, darauf zu verzichten, geliebt zu werden?

– Empfinde ich Schuldgefühle, wenn ich es anderen nicht recht machen kann? Wenn ja, dann Maßstäbe reformieren.

– Wie und wo finde ich Geborgenheit? (mindestens drei Antworten überlegen)

– Merke ich, daß es mir guttut, wenn ich die emotionale, sensible und phantasievolle Seite meines Wesens mehr und mehr lebe?

– Verspüre ich Mißtrauen gegen emotionale Intimität?

– Fühle ich mich in meiner Wohnung / Haus geborgen?

– Darf ich sein, wer ich bin?

Trainingspunkt:
Das Recht auf die seelische Eigenart umsetzen, wodurch depressiven Verstimmungen vorgebeugt wird. Immer wieder frage ich mich: »Was *will ich* wirklich?« Und dann handle ich entsprechend – und zwar trotz aller Schuldgefühle.

Und überhaupt:
Wer leidet eigentlich am meisten darunter, daß ich mich nicht lebe? Ist *das* vielleicht die Todsünde?

Saturn / Merkur

– Stoße ich in der Kommunikation auf Elternrollenspieler, die mir z. B. sagen, wie *man* sich wann und wo auszudrücken hat? Es gilt hier, das Recht auf eine mir entsprechende Ausdrucksweise wahrzunehmen.

– Lasse ich mich in Gesprächen oder in meiner Ausdrucksfähigkeit hemmen oder blockieren?

– Für mich sind ernste und tiefe Gespräche wichtig, ebenso Anerkennung über den kommunikativen Bereich. Werden meine diesbezüglichen Bedürfnisse befriedigt?

Einspurung

- Habe ich die Verantwortung für meinen Aktionsradius und die Gestaltung meiner kommunikativen Prozesse übernommen?

- Traue ich mich, genau hinzusehen?

- Wie leicht fällt es mir, zu meinen innersten Gefühlen zu stehen?

Trainingspunkt:
Ich mache mir in Selbstgesprächen klar, welche Vorteile es für mich hat, die wirklichen (weder übertrieben noch kleinlich gesehen) Grenzen meiner Intelligenz zu akzeptieren.

Und überhaupt:
Vielleicht hättest du mich geliebt, wenn ich dir gezeigt hätte, was in mir vorgeht – wie schade, verpaßtes Leben.

Saturn / Venus

- Hatte / habe ich ein eigenes Zimmer / Reich?

- Wie leicht fällt es mir, mich abzugrenzen und »nein« zu sagen?

- *Spüre* ich, ein *Recht* auf eine mir gemäße Erotik zu haben? Oder habe ich eine gewisse Unempfindlichkeit gegen emotionale Verwundungen entwickelt?

- Habe ich Angst vor Nähe oder gerate ich an Menschen, die diese Angst haben?

- Eßprobleme? / Ekelgefühle?

- Wie schön darf ich sein?

Trainingspunkt:
Ich ordne meine Finanzen (z. B. Überblick / eigenes Konto / finanzielle Entflechtung); ich distanziere mich von – für mich! – überflüssigen Wohlstandsgütern und konzentriere mich auf Dinge und Tätigkeiten, die mir wirklich Freude bereiten.

Fragen zu den Planetenkombinationen

Ich schaffe mir einen Raum – nicht nur auf der materiellen Ebene, sondern auch im seelischen und geistigen Bereich.

Und überhaupt:
Natur ist schön; ein abwertendes Urteil ist Irrtum.
Wir sind ein Stück Natur.

Saturn / Mars

- Fühle ich, ein Recht auf Durchsetzung zu haben?

- Wie willensstark fühle ich, sein zu dürfen?

- Lasse ich mich durch Leute oder Umstände bremsen?

- Kann ich Wut und Ärger zeigen?

- Spüre ich meine Energie, und kann ich sie ohne Schuldgefühle für meine Ziele einsetzen?

- Bei starker innerer Frustration und dem Gefühl der Schwäche und Machtlosigkeit sind Grausamkeit, Sadismus und Willenskämpfe möglich. Habe ich solche Tendenzen selbst, oder erlebe ich sie in der Projektion, indem ich auf entsprechende Menschen stoße?

- Oder werde ich ausgenutzt, weil ich mich nicht verteidigen kann?

- Wurde mein Wille in der Kindheit beschnitten, oder wurde mir in zu jungen Jahren kindungemäße Verantwortung aufgebürdet?

- Physische Mißhandlung im Kindesalter?

- Lasse ich mich eher beherrschen, oder setze ich mich eher mit ungewöhnlicher Härte durch? Die ausgewogene Mitte wird in dem Satz: »Nicht kämpfen, sondern siegen« spürbar.

Trainingspunkt:
Üben, sich nicht auszuschweigen und Frust nach innen zu lenken.

177

Einspurung

Und überhaupt:
Das Leben vergeht in jedem Fall: kein Grund, es nicht zu leben.

Saturn / Mars
(Bevorzugt von Männern zu beantworten.)

– Wie erlebe ich mein Selbstvertrauen als Mann, als Liebhaber, Angreifer, Eroberer und Führer?

– Habe ich das Gefühl, kein »ganzer Mann« zu sein?

Trainingspunkt:
Im Sexuellen und in bezug auf das gesellschaftlich etikettiert Männliche gilt es, neue Werte zu finden. Die *eigene* Männlichkeit in sich entdecken und nicht dem gesellschaftlichen Code entnehmen.

Saturn / Jupiter

– Fühle ich, ein Recht auf eine mir gemäße Weltanschauung zu haben?

– Wie gebildet muß ich sein? Wer / was setzt in diesem Bereich die Maßstäbe?

– In welchem Ausmaß gelingt es mir, alles, was ich als Sinn und Zweck empfinde, in praktische Lebensführung umzusetzen?

– Habe ich Mut, über mich selbst hinauszuwachsen?

Trainingspunkt:
Auseinandersetzung mit Inhalt und Form durch die Überlegung, wie sich Begeisterung und hoffnungsfrohes Streben in ganz konkreten Schritten realisieren lassen.

Und überhaupt:
Könnte es irgendeinen Grund geben, nicht zu leuchten?
Gerade, *weil* wir vergänglich sind – wie ewig auch immer!

Fragen zu den Planetenkombinationen

Saturn / Neptun

– Je mehr es mir gelingt, Normen und Konventionen aufzulösen, um so weniger kommt mir ein solcher Auflösungsprozeß von außen entgegen. Habe ich diesen Zusammenhang beobachtet?

– Wie real ist »die Wirklichkeit« für mich? Flucht? Ängste?

– Wo gibt es in meinem Leben innere und äußere Grenzen, die ich überschreiten könnte?

Trainingspunkt:
10 – 20 Maßstäbe / Normen, nach denen ich mein Verhalten ausrichte, aufschreiben und dann ernstlich prüfen, ob diese Maßstäbe wirklich meinen innersten Bedürfnissen gerecht werden. Ernstlich Alternativen ausdenken.

Und überhaupt:
Was ist, ist; mehr nicht – und das ist viel mehr.

Saturn / Uranus

– Mein Horoskop zeigt die Aufgabe, mich von Altem trennen zu müssen. Daher die Frage: Wie leicht fällt es mir, mich von Altem, auch von Schmerzen zu lösen?

– Ich habe ein Recht auf Befreiung, Freizeit und Unabhängigkeit. *Spüre* ich das?

– Wie perfekt muß ich sein? Sind die hier implizierten Anforderungen wirklich akzeptabel für mich?

– Gibt es Menschen oder Umstände, denen ich Schuld zuweise? Wenn ja, dann lauern da Möglichkeiten, sich zu lösen und mehr Verantwortung zu übernehmen.

– Wie leicht lasse ich mich durch »Pflichten« in meiner Freizeit blockieren? Welche und wessen Maßstäbe verbergen sich hinter solchen »Pflichten«?

Einspurung

Trainingspunkt:
In einem Vertrag mit mir selbst verpflichte ich mich, die Verantwortung dafür zu tragen, daß ich genug (genau festlegen!) Freizeit und Freiraum habe.

Und überhaupt:
Wer leidet eigentlich am meisten unter meiner Unfreiheit?
Na also!

Saturn / Pluto

– Ist mir mein eigener Weg wirklich bewußt?

– Bin ich Opfer einer perfektionistischen, strengen Lebenseinteilung, oder gerate ich an Menschen, die ihr Leben strengen und rigiden Normen unterwerfen?

– Fühle ich mich in meinen eigenen Rechten unterdrückt oder fremdbestimmt?

– Kenne ich so ein Abstandnehmen unter Schmerzen, also Erlebnisse, die alles von mir wegreißen, was mir lieb und teuer ist, und die mich zwingen, mich selbst zu erforschen? Die (Er)-lösung liegt hier darin, daß ich meine Mitte außerhalb der Welt der emotionalen Bindungen gründe.

– Spüre ich in mir ein unbedingtes Wollen (fast wie Besessenheit), das mich vielleicht auch einsam/introvertiert macht? Oder bin ich – in der Projektion – konfrontiert mit solchen Menschen – vielleicht auch mit Fanatismus? Wichtig ist die Ablösung von der eigenen Wunschnatur z. B. durch Konkretwerden, um so in eine »höhere« Freiheit hineinzuwachsen.

– Gelingt es mir, immer wenn ich die Grenzen meiner emotionalen Tragfähigkeit erreicht habe, meine Wünsche und Begierden fallen zu lassen?

Trainingspunkt:
Ganz konkret *planen* und mir vergegenwärtigen (inneres Bild), wie sich der *eigene* Lebensweg realisieren ließe.

Fragen zu den Planetenkombinationen

Und überhaupt:
Auf Biegen und Brechen gelebt – bricht zuviel.

Mars / Sonne

– In welchem Ausmaß gelang und gelingt es mir, mich als eigenständige Persönlichkeit durchzusetzen und zu behaupten?

– Ich bin im Innern sehr stark und zäh; kann ich diese Energie konstruktiv nutzen?

– Wie war die Beziehung zu meinem Vater? Habe ich mit ihm gekämpft, um selbständiger zu werden, oder habe ich diese Auseinandersetzung nicht gewagt?

Trainingspunkt:
Ich riskiere Schritte zu mehr Selbständigkeit und bleibe konsequent – auch wenn meine nähere Umgebung meine Bestrebungen nicht billigt. Ich halte mit diesen Menschen wohlwollend Kontakt, aber lasse mich nicht beirren.

Und überhaupt:
Sich austoben auf den Gipfeln des Seins.

Mars / Mond

– Erlaube ich mir und spüre ich das volle Außmaß meiner Kraft und Energie?

– Lasse ich mich von anderen zu Handlungen drängen, mit denen ich mich nicht identifizieren kann? Hier immer die Frage: Was will *ich* wirklich? Und dann tun!

– Erlebe ich meinen Energiehaushalt als sehr stimmungsabhängig?

– Gebe ich mehr dem Anteil in mir nach, der mit anderen verschmolzen und identifiziert sein will oder mehr dem Anteil, der

Einspurung

nach vorne drängen und unabhängig sein will? Integration ist hier möglich durch das Nach-vorne-Drängen in seelische und psychische Bereiche – Innenraum erobern.

Trainingspunkt:
Ich setze meine Energie möglichst nur noch für Ziele / Projekte ein, mit denen ich mich identifizieren kann. Identifizieren heißt, sich innerlich wohlfühlen zu können bei der eingeblendeten Vorstellung von einer Sache.

Und überhaupt:
Es ist ein Zeichen von *Stärke*, wenn wir den Mut haben, unsere zarte, verletzte und verletzbare Seite zu zeigen.

Mars / Mond
(Bevorzugt von Frauen zu beantworten.)

– Inwieweit gelingt es mir, meine Energie, Tatkraft und Selbstbehauptung wirklich zum Ausdruck zu bringen?

– Empfinde ich Geschlechtsverkehr mitunter als Vergewaltigung? Erlaube ich mir in diesem Bereich draufgängerische Verhaltensweisen?

Trainingspunkt:
Ich lasse mich nur noch so erobern, wie es meinen Bedürfnissen entspricht. Oder, wenn ich mich wohlfühle dabei, erobere ich selbst: Menschen, Dinge, innere Räume, Gefühle – eigene, die anderer …

Mars / Merkur

– Gespräche und Kommunikationsprozesse fördern meine Selbstbehauptung und können ein gutes Sprungbrett für meine Durchsetzung sein. Lebe ich dieses Potential z.B. in Form von spitzen Bemerkungen oder verbaler Aggression?

Fragen zu den Planetenkombinationen

– Für wie wichtig halte ich meine Meinungen?

– Wie fühle ich mich, wenn ich gründlich zuhöre?

Trainingspunkt:
Ich beobachte, wann ich Gefühle zurückhalte, wann sie dann u. U.
affektgeladen übermäßig hervorbrechen und übe dann, sie auszudrücken, sowie ich bemerke, daß ich sie zurückhalte. Dabei achte
ich darauf, nur auszudrücken, was *ich* empfinde; also ohne Angriff
und Vorwurf. Ich riskiere es, dadurch wirklich zu mir zu stehen.

Und überhaupt:
Sprache als Buschmesser im Dschungel meiner Gefühle.

Mars / Venus

– Gab oder gibt es in meinem Leben Angriffe auf meinen Besitz
oder mein Selbstwertgefühl, oder gelingt es mir, mich mit meiner Eigenart und meinem Lebensstil durchzusetzen und einzu-
bringen?

– Mein Bedürfnis nach Selbstbehauptung einerseits und das nach
Hingabe und Vereinigung andererseits können durch den krea-
tiven Selbstausdruck integriert werden. Lebe / spüre ich das?

– Haßlieben?

– Verfüge ich über konstruktive Auseinandersetzungsstrategien
in meinen Partnerschaften?

– Wie erfüllbar (menschenmöglich erfüllbar) sind die Wünsche und
Erwartungen, die ich an meine Partner / innen habe?

Trainingspunkt:
Ich beobachte, was ich an meinem Partner / meiner Partnerin bekämpfe und mißbillige. Und genau das erlaube ich mir selbst.
Durch diese Erlaubnis bekomme ich einen Faden an die Hand, der
es mir ermöglicht, in neue Bereiche meines Innern vorzudringen
und nicht Gelebtes zu integrieren.

Einspurung

Und überhaupt:
Der Haß auf andere offenbart das Ausmaß, in dem wir versagen, uns selbst zu lieben.

Mars / Jupiter

– Wenn ich meine Energie für etwas Sinnvolles einsetze, dann bleibt immer die Frage wichtig, wie sinnvoll das Sinnvolle ist; andernfalls Gefahr der Kräfteverausgabung am falschen Ort.

– Entspricht mein Betätigungsfeld den breiten Möglichkeiten meines Kräftepotentials, oder fühle ich mich beengt und deshalb u. U. in Versuchung, meinen Schaffensradius auf unliebsame Weise auszudehnen?

– Habe ich Mut, erfolgreich zu sein?

Trainingspunkt:
Ich notiere etwa 20 Tätigkeiten, die ich routinemäßig vollziehe. Dann bewerte ich diese Tätigkeiten von meinem innersten Empfinden her mit: zweckvoll, sinnvoll, unsinnig. Und dann überlege ich, ob ich meinen Schaffensbereich um einige als sinnvoll empfundene Aktionen erweitern kann.

Und überhaupt:
Wahre Gipfelstürmer lassen sich tragen von ihrer Lebensfreude.

Mars / Neptun

– Gerate ich immer wieder an schwache oder sich entziehende Männer? Alkoholiker?

– Hatte ich als Kind das Gefühl, mein Wille sei ohnmächtig?

– Fand oder finde ich Wege, mich anders, auf alternative Art durchzusetzen und mich zu behaupten?

Fragen zu den Planetenkombinationen

Trainingspunkt:
In meiner Selbstbehauptung lasse ich mich nicht mehr von einengenden Normen beeindrucken. Ich gehe neue Wege – nicht im Kopf, sondern ganz konkret in der Welt.

Und überhaupt:
Energie ist letztlich geheimnisvoll.

Mars / Uranus

– Habe ich immer wieder den Wunsch, mich von Männern / Liebhabern / Partnern zu befreien, oder empfinde ich sie als Störung in irgendeiner Form?

– Ich habe viel kreative Energie. Wie setze ich sie um? Projektionsflächen? Z. B. kreative Menschen oder Projekte in meinem Umfeld?

– Wie ungezwungen und frei kann ich mich durchsetzen?

– Gerate ich an cholerische oder irgendwie brutale Männer? Wenn ja, dann mehr Durchsetzung trainieren. (Lesetip: H. G. Lerner, *Wohin mit meiner Wut?*)

– Setze ich meine Energie für Befreiung und Emanzipation ein? (Andernfalls Nervenentzündung u. ä. nicht ausgeschlossen.)

Trainingspunkt:
Ich verzichte nicht mehr auf Freizeit, und ich definiere ganz genau, was für *mich* Freizeit ist. Dahinein investiere ich dann meine Energie.

Und überhaupt:
Angesichts innerer und äußerer Freiheit hat das Chaos keine Chance.

185

Einspurung

Mars / Pluto

– Wie gehe ich mit Ärger um? (raus oder rein?)

– Wo war / bin ich mit Aggression und Gewalt konfrontiert? Wo gibt es Machtkämpfe, wo Fremdbestimmung und Erwartungsdruck?

– In welchem Ausmaß gelingt es mir, mich gemäß meiner *eigenen* Vorstellungen durchzusetzen?

– Hat Durchsetzung für mich eine kämpferische bzw. märtyrerhafte Note, oder erfolgt sie eher nach dem Motto: nicht leiden, sondern wagen?

Trainingspunkt:
Ich lasse mich von Ärger, Druck und Fremdbestimmung zum Innehalten aufrufen, um einen Rettungsplan zu entwerfen, den ich dann trotz aller Widerstände *konsequent* durchsetze.

Und überhaupt:
Widerstände sind eingebildete Wachtposten.

Pluto / Sonne

– In welchem Außmaß gelingt es mir, meine Lebenskraft systematisch und gemäß meinen eigenen Vorstellungen einzusetzen?

– Wo erlebe ich oder habe ich Machtkämpfe erlebt oder Ohnmacht durch Trennungen? Vater?

– Falls ich Probleme mit meinem Blutdruck haben sollte, dann an meiner Selbstverwirklichung arbeiten und mich mit den Männern in meinem Leben auseinandersetzen.

– Habe ich eine klare Vorstellung darüber, wie ich selbständig und handlungsfähig sein kann, darüber, wie eine *mir* gemäße Sexua-

Fragen zu den Planetenkombinationen

lität aussähe und darüber, wie ich Spiel und Spaß in meinem Leben verwirklichen kann?

Trainingspunkt:
Ca. zehn Sätze vervollständigen, die so beginnen: »In Zukunft werde ich mich verwirklichen, indem ich ...« (Möglichst ganz konkrete Einzelhandlungen und Verhaltensweisen aufführen.)

Und überhaupt:
Väter sind nur Menschen – wie erstaunlich, wie wunderbar!

Pluto / Mond

– Wenn Gefühlsdruck entsteht, halte ich ihn aus, oder reagiere ich sofort?

– Fühle ich mich in meiner Identität / meiner seelischen Eigenart fremdbestimmt oder unter Druck?

– Gab / gibt es irgendwelche Familienprogramme, -rituale, -mottos? Welches Gefühl, welche Stimmung herrschte in meiner Familie vor?

– Funktioniere ich nach irgendeinem Programm, oder gehe ich meinen eigenen Weg?

– Wo fühle ich, Erwartungen ausgesetzt zu sein? Genau da bin ich noch Opfer.

– Wie leicht fällt es mir, meine Muster zu erkennen und meine Wünsche zu formulieren und *ohne* Absicherung zu zeigen?

Trainingspunkt:
Ich stehe radikal zu mir und meinen Bedürfnissen und finde Wege, sie zu befriedigen und mich zu leben.

Und überhaupt:
Einer der Wege ist immer: ein-fach sein.

Einspurung

Pluto / Mond
(Bevorzugt von Frauen zu beantworten.)

– Fühle (fühlte) ich mich als Frau fremdbestimmt, unterdrückt oder Zwängen ausgesetzt?

– Der Ausstieg aus der traditionellen (untergeordneten) Frauenrolle ist sehr wichtig für mich, da ich mich andernfalls immer wieder in einer Opferrolle finden könnte. Daher die Frage: Inwieweit gelingt es mir als Frau, meinen eigenen, selbstbestimmten Weg zu gehen?

– Abtreibungen?

Trainingspunkt:
Wenn andere mich zum *Opfer* ihrer Erwartungen machen, dann entspreche ich diesen Erwartungen nicht. (Konsequent sein!)

Und überhaupt:
Familienmuster und Karma nicht als Ruhekissen, sondern als Seelendünger.

Pluto / Merkur

– Habe ich eine klare Vorstellung darüber, wie ich am besten *meine* Gefühle zum Ausdruck bringen kann?

– Will ich mit Sprache manipulieren und Macht ausüben, oder gerate ich an Menschen, die dies mit mir tun?

– Warum und wozu und wie spreche ich mit anderen?

Trainingspunkt:
Mit Worten meine Meinungen und Gefühle kongruent, also ohne Doppelbödigkeit und Hintergedanken zum Ausdruck bringen.

Und überhaupt:
Verbalmanipulation aus Ohnmacht.

Fragen zu den Planetenkombinationen

Pluto / Venus

– Bin ich in Partnerschaften mit Druck und Macht konfrontiert?
  Sexualität als Machtmittel / Schönheit als Machtmittel? Liebesmagie? Liebeswahn?
  Hier gilt es, ganz neue Formen zu finden – andernfalls unterschwellige oder offene Machtkämpfe denkbar.

– Habe ich klare Vorstellungen über meine Finanzen?

– In welchem Ausmaß gestaltet sich mein Lebensstil nach *meinen* Vorstellungen?

– Fühle ich, nur dann liebenswert zu sein, wenn ich bestimmte Erwartungen erfülle, oder habe ich das *Gefühl*, »einfach so« liebenswert zu sein?

Trainingspunkt:
Ich notiere etwa zehn Eigenschaften / Fähigkeiten, die ich an mir schätze und dann versuche ich über eine geraume Zeit dem Notierten immer wieder zuzustimmen. (Wirklich machen – und beobachten, was dabei gefühlt wird.)

Und überhaupt:
Leidenschaft ist ein sicheres Zeichen von Lebendigkeit.

Pluto / Jupiter

– Habe ich für mein Kräftepotential Wirkungsmöglichkeiten in größerem Rahmen; oder bin ich mehr ein Rädchen in großen Projekten anderer?

– Haben meine Ansprüche und Erwartungen eine solide, selbst erarbeitete Basis?

– Werde ich in geistiger oder weltanschaulicher Hinsicht unterdrückt, fremdbestimmt oder manipuliert?

– Bildungszwänge?

Einspurung

Trainingspunkt:
Ich erarbeite klare Konzepte, mit denen ich das, was ich als sinnvoll erlebe, fördern kann. (Was, wann, wie!)

Und überhaupt:
Nur wer *sich* fördert, fördert das Wohl anderer.

Pluto / Neptun

– Wage ich es, Verborgenes sichtbar zu machen?

– Das tief in mir Drängende, die unbewußten Muster gestalten mein Leben unnachgiebig, solange bis ich sie zulasse, hinschaue, sie liebe – den Teufel in einem »psycho-alchimistischen« Prozeß zum Freund mache. Das Böse, das ich im andern bekämpfe, ist mein nicht wahrgenommenes eigenes. Ich selbst bin immer das erste Opfer all meiner negativen Gefühle andern gegenüber. Der Verbrennungsort alter Muster und schlimmer Gefühle ist *durchlebte* Liebe. Wo stehe ich auf diesem Weg?

Trainingspunkt:
Ich mache mir einen klaren Plan, wie ich meine persönlichen Grenzen transzendieren könnte (= reale Bewußtseinserweiterung).

Und überhaupt:
Wenn ich nicht mehr litte, würde ich mein Leben dann noch wiedererkennen?

Pluto / Uranus

– Inwieweit folge (spüre) ich meinem Bedürfnis, die aus der Vergangenheit stammenden Grenzen und Beschränkungen zu wandeln?

– Wie leicht kann ich meinem Drang, die innere oder äußere Umgebung radikal zu ändern, nachgeben?

Fragen zu den Planetenkombinationen

– Bin ich bereit, für meine Freiheit zu kämpfen, oder lasse ich mir von andern eine Richtung vorschreiben? Bei letztgenanntem Verhalten übernehme ich keine Verantwortung und kann leicht zum Opfer äußerer wie innerer Muster werden.

Trainingspunkt:
Ich plane ganz konkret (was, wann, wie) den Ausbruch oder Aufbruch aus alten Strukturen.

Und überhaupt:
Stricke hinaus aus dem Muster der Zeit!

Sonne / Uranus

– Bin ich in meinem Handeln, meiner Selbstverwirklichung und meiner Sexualität frei und selbständig, oder fördere ich die Unabhängigkeit und Weiterentwicklung meines / eines Partners?
– Gelingt es mir, verbindlich zu werden und mein Herz sprechen zu lassen, *ohne* meine Freiheit aufzugeben?
– Wie lustig ist mein Leben?

Trainingspunkt:
Einmal täglich »abnormen«. In irgendeiner Hinsicht breche ich täglich einmal aus der Routine aus, vielleicht nur in bezug auf eine winzige Kleinigkeit, die niemand bemerkt; entscheidend ist das Überspringen des eigenen Schattens.

Und überhaupt:
Ohne Aufbruch kein Unterwegssein.

Uranus / Mond

– Wie frei *fühle* ich, sein zu dürfen?
– Kann ich Trennungen und Abschiede wirklich leben / wirklich akzeptieren?

Einspurung

– Wie gehe ich mit meinem Bedürfnis nach Freiheit einerseits und dem nach Nähe andererseits um? Ist es möglich, daß ich den einen oder anderen Pol nicht lebe?

– Habe ich verdrängte Freiheitswünsche meiner Mutter übernommen?

– Seelische Ungeborgenheit?

Trainingspunkt:
Ich führe nichtabgeschlossene Abschiede, Trennungs- und Trauerprozesse zu Ende, indem ich z. B. Unerledigtes, Ungesagtes in einem zu verbrennenden Brief ausdrücke oder ein entsprechendes Selbsterfahrungsseminar mache.

Und überhaupt:
Wirkliche Trennung setzt Versöhntsein voraus.

Uranus / Mond
(Bevorzugt von Frauen zu beantworten.)

– Wichtig ist die Befreiung von der traditionellen Frauenrolle. In welchem Ausmaß gelingt mir das?

– Inwieweit gelingt es mir, mein Muttersein und mein Freiheitsbedürfnis zu vereinbaren?

Trainingspunkt:
Immer, wenn mich etwas nervt oder streßt, oder ich das Gefühl habe, ausflippen zu können, halte ich inne und überlege, was ich in Zukunft anders machen könnte, um mich zu befreien. Und dann auch machen!

Und überhaupt:
Steh auf und lebe anders.

Fragen zu den Planetenkombinationen

Uranus / Mond
(Bevorzugt von Männern zu beantworten.)

– Gerate ich immer wieder an emanzipierte Frauen? Wie fühlt sich das an für mich?

Trainingspunkt:
Emanzipation des eigenen seelischen Anteils; also echte, eigene, spontane, freie Gefühle zulassen und zeigen.

Und überhaupt:
Die Psyche ist eine interessante Fundgrube.

Uranus / Merkur

– Wie gut kann ich mich von Anpassungszwängen befreien?

– Lehne ich mich gegen meine Arbeit auf, ohne konkrete Schritte zur Verbesserung meiner Arbeitssituation zu realisieren?

– Setze ich meine Sprache und meinen Verstand ein, um progressive Schritte einzuleiten, oder lasse ich mich im Denken und in der Kommunikation von andern stören oder irritieren?

– Erlaube ich mir, wirklich originell und ungewöhnlich zu sprechen oder somatisiere ich diese »Originalität« über Stottern oder Legasthenie etc.?

– Befreiung über Sprache?

– Befreiung über Arbeit und das Ausdrücken von Gefühlen?

Trainingspunkt:
Bei Gefühlsstau (somatisch: Verstopfung) rausschreien – kann auch im lauten Kämmerlein sehr wirkungsvoll sein.

Und überhaupt:
Querköpfe regenerieren die Sprache.

Einspurung

Uranus / Venus

- Inwieweit gelingt es mir, Freiheit und seelische Bindung in einer Beziehung zusammenzubringen?

- Bestanden zur Zeit meiner Geburt bei meinen Eltern bereits Trennungswünsche?

- Fehlkäufe?

- Wie leicht fällt es mir, mich abzugrenzen, »nein« zu sagen?

- Hatte / habe ich ein eigenes Zimmer / Eigenraum nur für mich?

- In Erotik und Sexualität gilt es, einen eigensinnigen Weg einzuschlagen und auf Freiheit innerhalb der Beziehung zu achten. Andernfalls besteht die Gefahr von Enttäuschungen – wie sehr erlebe ich das?

- Habe ich alles, was ich für die Befriedigung meiner Bedürfnisse und für meine Freizeit brauche?

- Entspricht mein Besitz wirklich meinem Geschmack?

Trainingspunkt:
Ich befreie mich von unnötigem Ballast (ausmisten!) und riskiere ungewöhnliche Beziehungen.

Und überhaupt:
Wohin die Liebe auch fallen mag ... da falle mit.

Uranus / Jupiter

- Bin ich bereit, die Sinnfrage immer wieder neu zu stellen; oder werde ich – in der Projektion – zum Opfer zusammenbrechender Weltanschauungen?

- Gelingt es mir, innerlich zu wachsen, indem ich immer wieder Neues, Unvorhergesehenes, »Ver-rücktes«, Spontanes zulasse?

Fragen zu den Planetenkombinationen

- Bin ich – symbolisch gesprochen – so eine Art Wanderpriester mit reformerischen Bestrebungen?

- Erlaube ich mir eine eigensinnige Weltanschauung?

Trainingspunkt:
Ich stelle fest, welche Weltanschauungen ich abgehoben und verrückt finde, und dann frage ich mich, was passierte, wenn ich mein Leben von diesen Weltanschauungen bestimmen ließe. Die gefundenen Antworten notiere ich und überlege, welche Modifikation jener Weltanschauungen ich zulassen könnte. Danach beobachte ich, was diese Veränderungen bei mir bewirken.

Und überhaupt:
Totale Lebensfreude – immer! Was könnte verrückter und zeitgemäßer sein?

Uranus / Neptun

- Habe ich Angst vor Umbrüchen, oder erlebe ich so eine Art »kosmischer Gelassenheit«, mit der ich mich Veränderungen und Neuem öffne?

- In welchem Ausmaß gelingt es mir, mich über die Auflösung überholter Maßstäbe und über das Ergreifen echter Alternativen zu befreien?

- Erweitere ich mein Bewußtsein, indem ich Neues, Ungewöhnliches, Unkonventionelles zulasse, oder fühle ich mich eher als Opfer von Neuerungen? Letzteres entspricht dann der Projektion meines eigenen Veränderungsbedürfnisses.

Trainingspunkt:
Dem, was mir zu verrückt oder ungewöhnlich zu sein scheint, versuche ich einen – wenigstens kleinen – Platz in meinem Leben einzuräumen. *Und* ich beobachte über eine längere Zeit, wie ich mich dabei fühle.

195

Einspurung

Und überhaupt:
Was spricht denn gegen ein Paradies hier oben auf Erden?

Neptun / Sonne

– Habe ich meinen Vater als schwach erlebt, oder war er irgendwie unzugänglich für mich?
  Alkoholismus? Realitätsflucht? Helferberuf? Sucht?
– Inwieweit gelingt es mir, mich über Aktivitäten zu verwirklichen, die jenseits von Moral und Konvention liegen?
– Welchen Männertypus ziehe ich an, oder finde ich attraktiv?

Trainingspunkt:
Ich suche Aktivitäten, durch die ich Vertrauen in weitere »höhere« Zusammenhänge fassen kann. Ich erspüre die Grenze meiner Vertrauensfähigkeit und versuche, sie auszudehnen.

Und überhaupt:
Nur Traumtänzer haben einen sicheren Gang.

Neptun / Mond

– Ich habe ein außergewöhnlich gutes Gespür für Hintergründe und Atmosphärisches. Da mein Gespür auch noch erfaßt, was vielen unzugänglich ist, besteht die Gefahr, daß diese versuchen, mich in meinem Gespür zu verunsichern. Daher die Frage: Wie leicht lasse ich mich in meinen Gefühlen, meinem Gespür, meiner Identität verunsichern?
– Habe ich meine Mutter als schwach oder hilflos erlebt? Hat sie sich entzogen?
– Ich kann mich gut in Hilflose hineinversetzen. Führt das dazu, daß ich mich ausnutzen lasse?
– Wie gut gelingt es mir, meinen Ängsten auf den Grund zu gehen und mich ihnen zu stellen?

Fragen zu den Planetenkombinationen

Trainingspunkt:
Mein seelisches Empfinden ist grenzenlos. Ich erlaube es mir, mich in dieser Grenzenlosigkeit wohlzufühlen.

Und überhaupt:
Auf dem Altar meiner Seele werden – zum Wohle aller Beteiligten – keine Opfer gebracht.

Neptun / Merkur

– Fühle ich mich in der Kommunikation verunsichert, oder versuche ich, jenseits des Herkömmlichen noch Worte oder andere Ausdrucksformen zu finden? Auch künstlerischer Ausdruck denkbar.

– Kann ich durch Wände sehen – wortwörtlich und / oder übertragen gemeint?

– Stoße ich in Gesprächen auf Menschen, die sich ausschweigen oder uferlos reden? Gehe ich selbst in diese Rollen?

– Wie leicht fällt es mir, meine Gefühle zu *zeigen*?

Trainingspunkt:
Ich erweitere meinen aktiven Wortschatz, indem ich mich bemühe, täglich ein Wort zu benutzen, das ich normalerweise nicht benutze. (Diese Wörter hinterher oder auch vorher aufschreiben.)

Und überhaupt:
Warum nicht die Wunder im Alltag sehen und den Alltag in Wundern?

Neptun / Venus

– Wie leicht lasse ich mich in meinem Selbstwertgefühl und meiner Abgrenzung verunsichern?

– Habe (hatte) ich ein eigenes Reich nur für mich?

Einspurung

– Wie schön, wie attraktiv fühle ich, sein zu dürfen?

– Liebessehnsüchte?

– Gelingt es mir, konventionelle Vorstellungen von Liebe aufzulösen; oder werde ich Opfer eines solchen, von außen (proji-
zierten) kommenden Auflösungsprozesses?

– Kann ich in meiner Hingabe unendlich weit über mich hinaus-
fühlen?

Trainingspunkt:
Ich gebe unsinnige, mich frustrierende »Beziehungen«, die nur
(noch) vom Hoffnungsprinzip aber nicht mehr von der Realität
getragen werden, auf. Stattdessen bemühe ich mich, neue Formen
in tragfähige Kontakte zu bringen.

Und überhaupt:
Such in der Sehnsucht nicht Liebe, liebe die Sehnsucht.

Neptun / Jupiter

– Wie real – und das heißt: wie konkretisierbar – sind meine Ver-
besserungsvisionen?

– Wo ist die Grenze zwischen realem Über-sich-Hinauswachsen
und sich im Ungreifbaren verlieren?

– Wie glaubwürdig bin ich für mich und andere?

– Gibt es oder gab es den Punkt, an dem mein Optimismus und
meine Ideale von der Realität schmerzlich eingeholt wurden?

Trainingspunkt:
Ich investiere meine Kraft nur noch in solche Projekte, für deren
Realisierung ich ganz konkrete Schritte weiß.

Und überhaupt:
Wahres Gewicht überzeugt durch seine Schwerelosigkeit.

Fragen zu den Planetenkombinationen

Sonne / Mond

– Setzen sich elterliche Spannungen so in mir fort, daß ich einen Konflikt zwischen bewußtem Wollen und unbewußtem Wünschen erlebe?

– Wie kann ich mein Handeln gestalten, so daß es im Einklang mit meiner Identität steht?

– Spalte ich eher meine männlichen oder meine weiblichen Persönlichkeitsanteile ab?

– Wie könnte ich mich mit meinen internalisierten Eltern auseinandersetzen, um den ein oder anderen (s. o.) abgespaltenen Persönlichkeitsanteil mehr zu integrieren?

– Welche Seite von mir bekämpfe ich in meinem Partner / meiner Partnerin?

Trainingspunkt:
Ich versuche – und sei es nur spaßeshalber – die Verhaltensweisen, die mich an meinem Partner/meiner Partnerin besonders stören, selbst an den Tag zu legen. *Und* ich beobachte genau, wie ich mich dabei fühle.

Und überhaupt:
Ein Mann, der keine Frau ist, und eine Frau, die kein Mann ist, sind beide – als Mann, als Frau – wie Segel ohne Wind.

Sonne / Merkur

– In welchem Ausmaß bin ich mein Denken?

– Wenn ich mich über Sprache und Kommunikation verwirkliche, gerate ich dann mitunter in eine Art »solipsistischen Rauschs«, der mein Gegenüber ausklammert?

– Wieviel Offenheit kann und will ich den Gedanken anderer entgegenbringen?

199

Einspurung

Trainingspunkt:
Ich höre mir selbst z. B. 1 x wöchentlich beim Reden zu *und* prüfe,
ob ich mir wirklich zustimmen kann.

Und überhaupt:
Ein Gedanke, der um sich selbst weiß, lebt.

Sonne / Venus

- Sorge ich genug dafür, daß mein Bedürfnis nach Geselligkeit,
  Austausch und Kontakt ausreichend befriedigt wird?

- Wie steht's um meine Kompromißbereitschaft? Ist sie zu hoch,
  und verleitet sie mich zu übermäßiger Anpassung?

- Weiche ich wichtigen Problemen eher aus, oder stelle ich mich
  ihnen?

- Eitelkeit und Narzißmus können mich in der Wesenstiefe von
  anderen Menschen trennen – erlebe ich das mitunter?

Trainingspunkt:
Ich finde und praktiziere Formen des Kontakts, bei denen *ich*, so
wie ich bin, zum Zuge komme und wo der andere ebenfalls Raum
hat, sich darzustellen; also ich finde die Mitte zwischen übertriebener Anpassung einerseits und übertriebener Selbstdarstellung andererseits.

Und überhaupt:
Wer Schönheit nicht in jedem sieht, wird sie auch bei sich selbst
anzweifeln.

Sonne / Jupiter

- Wird meine Selbstverwirklichung von der Sinnfrage getragen?

- Wie realistisch ist meine Selbsteinschätzung?

Fragen zu den Planetenkombinationen

– Wie ausgewogen ist das Verhältnis von innerem und äußerem Wachstum bei mir?

– Wo ist die Grenze, an der Expansion, Luxus und Zukunftsprojekte mich noch fördern oder schon behindern?

Trainingspunkt:
Ich verwirkliche mehr von dem, was mich *wirklich* fördert. Genau festlegen: was, wie, innerhalb welcher Zeit; ggf. aufschreiben, um verbindlich zu werden.

Und überhaupt:
Unglück ist Energieverschwendung.

Mond / Merkur

– Identifiziere ich mich mehr mit meinen Gefühlen oder mehr mit meinem Verstand?

– Hat meine emotionale oder meine rationale Seite die Oberhand? Fühle ich Verachtung der einen oder anderen Seite gegenüber? Wie gleichwertig sind sie für mich?

– Solange diese beiden Seiten nicht integriert sind, treten Kommunikationsschwierigkeiten auf. Daher die Frage, ob ich bei meinen Gesprächspartnern eher auf Emotionalität (Projektion meiner emotionalen Seite) oder mehr auf Rationalität (Projektion meiner rationalen Seite) stoße?

Trainingspunkt:
Durch die Integration beider Anteile verleihe ich meinem Denken Tiefe und Wesentlichkeit und meinem Fühlen Klarheit.

Und überhaupt:
Sprache als Laufsteg der Seele.

Einspurung

Mond / Venus

– Kann ich mich mit meinem Besitz wirlich identifizieren?

– Inwieweit gelingt es mir, mich in Erotik, Sinnlichkeit, Kunst und Flirt wohlzufühlen?

– Suche ich bei anderen eher Geborgenheit oder eher Genuß? Einseitigkeiten? Abspaltung entweder des mütterlichen Anteils oder des sinnlichen Anteils?

– Lege ich in Beziehungen genausoviel Wert auf inneren Gleichklang wie auf äußere Erscheinungsformen?

– Bin ich bereit, in einem ausgewogenen Verhältnis zu geben und zu nehmen?

Trainingspunkt:
1) Ich beobachte, welche Genüsse mir in der Tiefe wohltun. Genüsse jedoch, die mich nur oberflächlich befriedigen, versuche ich durch andere zu ersetzen. Genau festlegen durch welche! Und machen!
2) Ich ersetze, was mir nicht (mehr) gefällt durch Schöneres (z.B. Kleiderschrank durchchecken, Wohnung / Haus ...).

Und überhaupt:
Wo Sinne aufblühen ist Heimat.

Mond / Jupiter

– Hatte meine Mutter (meine Familie) hohe Bildungsansprüche, oder litt sie unter einem Bildungsdefizit? Mußte meine Familie »was Besseres« sein?

– Für mich ist die Frage aufdeckend: Kann *ich* mich mit meiner Bildung und Weltanschauung identifizieren?

– Wo habe ich meine Ziele angesiedelt: in der fernen Zukunft oder in greifbarer (= konkretisierbarer) Nähe?

Fragen zu den Planetenkombinationen

– Wieviel bin ich *wirklich* bereit, für die gute Meinung anderer über mich zu tun?

– Übertreibungen haben einen Außendrall, der innerem Wachstum entgegensteht. Gerate ich selbst in diese Falle, oder stoße ich eher auf Menschen, die zu Übertreibungen neigen?

Trainingspunkt:
Ich beantworte die folgende Frage auf etwa fünf verschiedene Arten und Weisen: Was fördert meine innere Entwicklung wirklich?

Und überhaupt:
Eine Form ohne Inhalt ist immer klein – wie groß sie auch sei.

Merkur / Venus

– Weiche ich in Beziehungen wichtigen Gesprächen aus, um die Harmonie zu erhalten; oder – in der Projektion – habe ich Partner, die sich so verhalten?

– In welchem Ausmaß habe ich den ästhetischen Genuß von Sprache für mich erschlossen?

Trainingspunkt:
Ich eigne mir die erotische und sinnliche Komponente von Sprache an, indem ich über Empfindungen spreche oder sie anderweitig zum Ausdruck bringe. Ich verfeinere meine Möglichkeiten, mich über Sprache abzugrenzen.

Und überhaupt:
Wenn Sprache ästhetisch überhöht wird, hat der Verstand eine Ruhepause.

Merkur / Jupiter

– Wo ist bei mir im Denken oder in der Kommunikation die Grenze, wo ich andere (oder mich) entweder durch großartige

Einspurung

Entwürfe begeistere oder sie (bzw. mich) durch Weitschweifigkeit ermüde?

– Wie realitätsbewußt und -orientiert ist mein Denken?

– Wo wäre es sinnvoll, mehr Details zu berücksichtigen und die Stichhaltigkeit meiner Entwürfe zu prüfen?

– Werden meine Kommunikationsprozesse von der Sinnfrage getragen?

Trainingspunkt:
Ich hole Informationen ein, um Projekte, die mich wirklich begeistern, konkreter machen zu können.

Und überhaupt:
Wahrnehmung ist Wachstum.

Venus / Jupiter

– Wie wertvoll oder wichtig *fühle* ich mich, *unabhängig* von der Anerkennung und Bestätigung, die andere mir zollen?

– Wie wichtig sind Wohlstand und Genuß für mich? Wie sinnvoll sind sie für mich?

– Was erhoffe ich vom Leben? Ist der Energieaufwand, den ich ins Hoffen setze, angemessen?

– Wie ist die Relation von Versprechungen machen und sie halten können?

Trainingspunkt:
Ich durchforste meinen Besitz, meine Gefühle, meine Gedanken und ersetze in jedem Bereich mindestens dreimal Quantität durch Qualität.

Und überhaupt:
Im Kreißsaal »Jammertal« erblickt Jubelberg neues Licht.

AUF-BRUCH

Machen!

Schlußlied
(zu singen in der eigenen Melodie)

Es war einmal ein Mensch,
der jedem Leid, jedem Schmerz, jedem
    Unglück begegnet war;
der so erschöpft auf den letzten Funken
seiner Kraft gefallen war,
der so schrecklich in sein Elend verstrickt war,
daß er sogar schon anfing,
Teufel und Engel zu sehen.
Die Teufel rieten dem Verstrickten,
den Strick zu nehmen;
die Engel rieten ihm, das Licht,
das er nirgendwo sah oder spürte, anzubeten.
In der Schleuder dieser Rat-Schläge hörte
    der Verstrickte
– nun scheinbar gänzlich enteignet –
eine neue Stimme, die kam aus ihm selbst
    und empfahl
eine Strickleiter,
geknüpft aus allem, was in ihm war.
Mit der gelangte er an sein Leben,
und es sang aus ihm:
»Wenn ich nicht geboren wäre,
dann stürbe ich auch heute noch.«

Quellenverzeichnis

Wir danken den Verlagen und Copyrightinhabern für die freundliche Abdruckgenehmigung der Texte.

1 Erich Fried, *Das Nahe suchen*, Klaus Wagenbach Verlag, Berlin 1982.

2 Josef von Eichendorff, *Werke*, hg. G. Baumann, Cotta'sche Buchhandlung, Stuttgart 1953.

3 Frederike Frei, *Losgelebt*, H. Braun, Köln 1978.

4 Rainer Maria Rilke, *Sämtliche Werke*, © Insel Verlag, Frankfurt am Main 1955.

5 Hans-Curt Flemming, *Ein Zettel an meiner Tür, Gedichte von Hans Curt Flemming*, Rotation Verlag, Berlin 1982.

6 Angelus Silesius, *Sämtliche poetische Werke*, hg. H. L. Held, Carl Hanser Verlag, München 1949.

7 Angelika Rohwetter, unbekannt.

8 Erich Kästner, *Gesammelte Schriften für Erwachsene*, Atrium Verlag, Zürich 1969, © Erich Kästner Erben, München.

9 Friedrich Nietzsche, *Gesammelte Werke, Bd. 20*, Musarion Verlag, München 1927.

10 Christian Morgenstern, *Alle Galgenlieder*, Diogenes Verlag AG, Zürich 1932.

11 Rainer Maria Rilke, s. o.

12 Friedrich Nietzsche, *Werke in drei Bänden*, hg. K. Schlechta, Carl Hanser Verlag, München 1960.

13 Leo N. Tolstoi, *Meine Beichte*, Eugen Diederichs Verlag, München 1978.

14 Friedrich Nietzsche, *Werke, Bd. VIII*, Leipzig 1899 (Oktavausgabe).

15 Kahlil Gibran, *Der Prophet*, Walter-Verlag AG, Solothurn 1973.

Quellenverzeichnis

16 Karl Jaspers, *Einführung in die Philosophie*, R. Piper & Co. Verlag, München 1977.
17 Rainer Maria Rilke, s. o.
18 Charles Maurice Talleyrand, *Memorien IV, 447*, nach Barére.
19 A. A. Milne, *Winnie the Pooh*, Dell Publishing Company, New York 1982.
20 Gottfried Benn, *Statische Gedichte*, © 1948 by Verlags AG Die Arche, Zürich. Veränderte Neuausgabe © 1983 by Arche Verlag AG, Raabe u. Vitali, Zürich.
21 Ingeborg Bachmann, *Werke I*, © R. Piper & Co. Verlag, München 1978.
22 Rainer Maria Rilke, s. o.
23 Johann Wolfgang Goethe, *Sämtliche Werke*, Cotta'sche Buchhandlung, Stuttgart.
24 Johann Wolfgang Goethe, s. o.
25 Hermann Hesse, *Gesammelte Werke, Bd. 5: Demian*, © Suhrkamp Verlag, Frankfurt am Main 1970.
26 Eduard Mörike, *Werke*, hg. H. Maync, Leipzig o. J.
27 Johann Wolfgang Goethe, s. o.
28 Detlev Liliencron, *Gesammelte Werke*, hg. R. Dehmel, Berlin 1912.
29 Rainer Maria Rilke, s. o.
30 Hugo von Hofmannsthal, *Gedichte*, © Insel Verlag, Frankfurt am Main 1970.
31 Hilde Domin, mündlich bei einer Dichterlesung.
32 Ali Lüpkes, unbekannt.
33 Hugo von Hofmannsthal, s. o.
34 Erich Fried, *Warngedichte*, Carl Hanser Verlag, München 1980.

Die Autorin

Ute Lauterbach, Studienrätin für Philosophie und Englisch, hat es sich zur Aufgabe gemacht, die in Schicksalsschlägen und Unzufriedenheit gebannten Energien dem einzelnen wieder verfügbar zu machen. Das bedeutet, sie ist nur an *angewandter* Philosophie, Psychologie und Astrologie interessiert.

Ute Lauterbach leitet das *Institut für psycho-energetische Integration* in Altenkirchen zwischen Bonn und Siegen. Sie hält seit vielen Jahren Vorträge im In- und Ausland; ihr Programm umfaßt Selbsterfahrungsgruppen, eine Ausbildung in psycho-astrologischer Integration und Einzelsitzungen, in denen u.a. schicksalsträchtige Keimsituationen erkannt und bearbeitet werden.

Das jeweils aktuelle Jahresprogramm können Sie ganz zwanglos anfordern beim:

Institut für psycho-energetische Integration
Zum Johannistal 1
57610 Altenkirchen
Tel.: 0 26 81 – 24 02

DER NEUESTE LOUISE L. HAY-TITEL

Wahre Kraft kommt von Innen

»Jeder von uns trägt in sich die Unendliche Weisheit, die fähig ist, unserem Leben die größtmögliche Vollkommenheit zu geben. Indem wir lernen, dieser inneren Weisheit zu vertrauen, können wir Veränderungen in unserem Alltag herbeiführen. Denken Sie daran, daß der erste und wichtigste Schritt zum Heilwerden darin besteht, sich des Bedürfnisses nach Veränderung bewußt zu werden. Bewußtheit ermöglicht es Ihnen, mit der Zeit Ihre innere Schönheit, Liebe und Kraft zu entdecken.«

Louise L. Hay

Louise L. Hay erweitert und vertieft in diesem neuesten Buch ihre Philosophie der »Liebe zum Selbst« und zeigt Ihnen, wie Sie emotionale Barrieren überwinden, indem Sie:

- Lernen, Ihrer inneren Stimme zuzuhören und zu vertrauen;
- das Kind in Ihnen lieben;
- Ihre wirklichen Gefühle zum Vorschein kommen lassen;
- Ihrer Verantwortung als Eltern gerecht werden;
- sich von Ihrer Furcht vor dem Älterwerden lösen;
- es sich gestatten, Wohlstand zu erlangen;
- Ihre Kreativität ausdrücken;
- eine ökologisch vernünftige Welt erschaffen, in der man einander gefahrlos lieben kann;
- für persönliche und planetare Heilung meditieren;
- und vieles mehr.

»Louise L. Hay verdankt ihre immense und wohlverdiente Popularität ihrem Mut. Lange vor allen anderen war sie mutig genug zu sagen, daß keine Krankheit unüberwindlich ist, aufgrund unserer Fähigkeit, das Leben von innen aufzufüllen. Die medizinische Wissenschaft erhärtet langsam ihre Intuition über die Kraft des Heilens, die sie so herrlich in ihrem neuen Buch aufzeigt.«
Dr. Deepak Chopra, Autor von *Die heilende Kraft*.

256 Seiten · gebunden · DM 33,– · ISBN 3-925898-13-1

NEUE TITEL

...wege zu Gott – leben aus der Liebe...
Herausgeber: Benjamin Shield und Dr. Richard Carlson

192 Seiten · kartoniert DM 28,–
ISBN 3-925898-10-7
Mit einem Geleitwort von G. Jampolsky.

...wege zu Gott – leben aus der Liebe... ist eine herrliche Sammlung neuer Beiträge, die die spirituelle Renaissance des ausgehenden zwanzigsten Jahrhunderts wiederspiegelt. Shield u. Carlson, die Herausgeber, haben mit diesen sechsundzwanzig Essays eine reiche Vielfalt spiritueller Weisheit zusammengetragen. Bekannte Persönlichkeiten der ganzen Welt äußern sich über ihre persönliche Beziehung zu Gott; sie bieten Denkanstöße und geistige Nahrung für das innere Wachstum. Mit Beiträgen von: **Dalai Lama, Mutter Theresa, Thich Nhat Hanh, Ken Keyes Jr.,** David Steindl-Rast, Shakti Gawain, **Brooke Medicine Eagle,** Matthew Fox, Anne Wilson Schaef, Jean Shinoda Bolen, **Sri Kriyananda** u. a.

„Manche empfinden den Begriff »Gott« als einengend, andere gebrauchen ihn gar nicht. Doch die Worte Seiner Heiligkeit des Dalai Lama – in dessen Beitrag das Wort »Gott« nicht auftaucht – bewegten mich ebenso wie die Aussagen anderer, die über Gott schrieben. Die Schlichtheit der Bemerkungen Seiner Heiligkeit über das Üben von Freundlichkeit, Mitgefühl und Toleranz in unserem Leben, über die Harmonie zwischen unserem Herzen und unserem Denken sowie über die Wichtigkeit unserer spirituellen Ernährung spricht unmittelbar zum Kern unserer Seele."

G. Jampolsky

NEUE TITEL

Vimala Thakar
Am Ufer des Lebens

Vimala Thakar ist eine soziale Aktivistin im Geiste von Gandhi und eine spirituelle Lehrerin inspiriert von Krishnamurti. Sie tritt nicht für eine Flucht aus der Gesellschaft ein, sondern befürwortet das Annehmen der Gesellschaft und aller Herausforderungen des täglichen Lebens mit Frische, Furchtlosigkeit und Mitgefühl. Mit dieser Lebenseinstellung hat sie Tausenden von Menschen geholfen, inneren Frieden und Lebensfreude zu finden. Ein Schatz voller Einsichten und Inspiration. Aus dem Inhalt: Stille, Dialog, Meditation, Gewahrsein, Beobachtung, Religiöses Suchen, Innere Ordnung.
Jede Seite dieses schönen Geschenkbandes, ist mit einem unterschiedlichen Zeichen versehen und gestaltet.
120 Seiten · kartoniert DM 22.–
ISBN 3-925898-11-5

Beobachtung

Wo
beginnt
die Schwerarbeit,
jedem Tag,
jeder Beziehung
aufmerksam zu begegnen?

Sie fängt an   wir sehen unser Leben,
mit dem Beobachten; wie es tatsächlich ist.

Die Blumen und die Bäume zu beobachten, ist einfach. Den Strom der Gedanken zu beobachten, während man in der Stille ruht, ist nicht schwer. Aber die Bewegung und Richtung des Denkens zu beobachten, während man aktiv lebt und arbeitet, erfordert viel Energie, große Sensitivität und Wachheit.

Beobachtung

Beginne,

das   der   in deinem
Wechselspiel Emotionen   täglichen Leben
              zu beobachten.

Du beobachtest, daß du neidisch bist. Du siehst eine Person, die reicher ist als du, und du fühlst dich neidisch – nicht weil er oder sie reich ist, sondern weil du dich arm fühlst. Du siehst eine Person, die schöner ist als du, und dein Neid steigt von neuem empor. Doch dein Fühlen hat wenig zu tun mit der anderen Person. Es entspringt aus der Unzufriedenheit mit der Realität deines eigenen Lebens. Neid ist kein Gefühl, das gegen andere gerichtet ist, sondern es ist ein Gefühl gegen dich selbst. Solch ein Gefühl kommt auf, wenn du dich nicht mit dem versöhnst, was du bist.